■ 新编高等院校财经类创新系列精品规划教材

会计认知实训

主　编　庞靖麒　马　娟　张晓琳
副主编　郑洪文　张小玲　王梓雨
参　编　纪芬洲　马晓东　刘　磊　厉成伟

中国商业出版社

图书在版编目(CIP)数据

会计认知实训 / 庞靖麒，马娟，张晓琳主编. —北京：中国商业出版社，2017.9

ISBN 978-7-5044-9044-5

Ⅰ. ①会… Ⅱ. ①庞… ②马… ③张… Ⅲ. ①会计学-高等职业教育-教材 Ⅳ. ①F230

中国版本图书馆 CIP 数据核字(2015)第 154966 号

责任编辑:蔡　凯

中国商业出版社出版发行

010-63180647　www.c-cbook.com

(北京广安门内报国寺 1 号　邮编:100053)

新华书店经销

北京航天伟业印刷有限公司印刷

*　*　*　*　*

787×1092 毫米　16 开　12 印张　240 千字

2017 年 9 月第 1 版　2017 年 9 月第 1 次印刷

定价:36.80 元

*　*　*　*

(如有印装质量问题可更换)

前言

《会计认知实训》是财会类专业的重要实践实训课程，是会计初学者通过简单的账务处理所开展的一项职场体验。学生在学完《会计基本技能操作》、《初级会计实务》等课程后，将所学的会计基本理论、知识、技能与财务实践相结合，有助于学生深化财务岗位认知、熟悉岗位工作流程，提升综合实践操作能力，同时也为学生进一步学习《企业经济业务核算》、《会计综合模拟》等课程奠定了基础，在整个课程体系中，起着非常重要的作用。我们在总结多年会计实训课程教学及财务工作经验的基础上，参照企业会计准则及会计人员执业要求，结合目前财务工作实际情况及初学会计人员所具有的知识储备，编写了这本《会计认知实训》教材。本教材具有以下方面特点：

1. 客观真实，单据高度仿真。本教材中所涉及的单、表、账、册，全部是企业当前正在使用的标准格式，教材中出现的支票、增值税专用发票、银行票据等原始单据的仿真程度极高，是按照财务实际工作中相关单据以1∶1比例绘制而成，教材与实际工作全真对接，将企业真实经济业务平移到课堂，学生通过身临其境地分析和处理相关业务，增强其模拟岗位的角色感。

2. 系统完整，业务量适中。《会计认知实训》模拟中小型工业企业一个月的经济业务，采用最常用的科目汇总表账务处理程序，其实训内容涵盖了建账、原始凭证的取得与分析、编制记账凭证、登记日记账、明细账、总分类账、成本计算、期末对账、结账、编制会计报表等各个环节，实训内容全面系统。

3. 政策性强。本教材以国家最新颁布的会计法、会计准则、税法、票据法规为依据，将营改增等知识内化于业务中，从知识性、实用性、综合性、系统性和政策性出发，通过处理各类经济业务，使学生能够在较短时间内迅速达到由会计理论到会计实际操作相结合的目的。

4. 便于操作。本教材在编写内容上，根据企业手工账核算过程，从建账、填制凭证、登记账簿到编制报表都给予了明确的指导，方便教师的实践指导以及学生的自主学习。

本教材由日照职业技术学院庞靖麒、张晓琳，日照港集团物流公司会计主管马娟担任主编；日照职业技术学院郑洪文、张小玲，海连（中国）国际货运有限公司青岛分公司财务总监王梓雨担任副主编；日照裕鑫动力有限公司财务总监纪芬洲、日照供电公司马晓东、刘磊，日照港集团物流公司出纳厉成伟参编。全书由庞靖麒负责拟订编写大纲及全书的写作组织与协调工作。由于编者水平和经验有限，教材中难免有不当之处，恳请希望广大读者批评指正。

编者

2017 **年** 9 **月**

目　录

项目一　实训组织

1.1 实训目的

《会计认知实训》是学生在学习完《初级会计实务》、《会计基本技能操作》课程后所开设的实训课程，以日照泽瑞服饰有限公司2014年1月发生的经济业务为主线，涵盖了建账、日常业务处理、成本核算、损益结转、期末对账、结账、编制财务报表、会计档案整理等企业一套完整的业务。学生通过模拟财务岗位处理仿真经济业务，增强其对岗位职责、业务流程的感性认知，培养专业意识、巩固专业思想，并通过实训训练，将所学的会计基础理论与实务相结合，培养学生基本的账务处理、会计核算与职业判断能力，为学生后续学习《企业经济业务核算》、《会计综合模拟》等专业课程奠定良好基础。通过该实训模拟，具体达成以下目标：

一、能力目标

1. 能根据企业期初资料建立账簿；
2. 能根据企业发生的经济业务，审核或填制原始凭证；
3. 能根据原始凭证，编制和审核记账凭证；
4. 能根据记账凭证和原始凭证，登记日记账、明细账和总分类账；
5. 能进行简单的成本核算，并做好期末对账、结账工作；
6. 能编制财务报表；
7. 能进行凭证的整理、粘贴、装订工作。

二、知识目标

1. 掌握财务会计的基本理论和基本方法；
2. 熟悉会计核算基本流程；

3. 掌握会计要素确认、计量方法；

4. 掌握财务报告编制方法；

5. 掌握会计档案整理的方法。

三、素质目标

1. 培养良好的团队协作精神和沟通协调能力；

2. 培养认真谨慎、诚实守信的职业道德；

3. 培养刻苦努力的工作素质。

1.2　实训要求

实训操作前，学生应认真阅读实训要求及操作流程，熟悉企业会计政策，在实训开始对整个实训有个科学规划；实训过程中，学生可在教师及实训说明的指导下，积极发挥主观能动性，按照会计基础工作规范的要求进行操作；实训结束后，做好会计档案的装订与归档工作，并及时撰写实训报告。本套实训资料执行《企业会计准则》，建议30学时，处理经济业务的具体要求如下：

一、填写原始凭证的基本要求

1. 记录真实：原始凭证所填列的经济业务内容和数字，必须真实可靠，符合实际情况。

2. 内容完整：原始凭证所要求填列的项目必须逐项填列齐全，不得遗漏和省略。

3. 手续完备：单位自制的原始凭证必须有经办单位领导人或者其他指定的人员签名盖章；对外开出的原始凭证必须加盖本单位公章；从外部取得的原始凭证，必须盖有填制单位的公章；从个人取得的原始凭证，必须有填制人员的签名盖章。

4. 书写清楚、规范：原始凭证要按规定填写，文字要简要，字迹要清楚，易于辨认，不得使用未经国务院公布的简化汉字。大小写金额必须相符且填写规范，小写金额用阿拉伯数字逐个书写，不得写连笔字。在金额前要填写人民币符号“￥”，人民币符号“￥”与阿拉伯数字之间不得留有空白。金额数字一律填写到角、分，无角、分的，写“00”或符号“—”；有角无分的，分位写“0”，不得用符号“—”。大写金额用汉字壹、贰、叁、肆、伍、陆、柒、捌、玖、拾、佰、仟、万、亿、元、角、分、零、整等，一律用正楷或行书字书写。大写金额前未印有“人民币”字样的，应加写“人民币”三个字，“人民币”字样和大写金额之间不得留有空白。大写金额到元或角为止的，后面要写“整”或“正”字；有分的，不写“整”或“正”字。凭证登记时只有合计金额部分加人民币符号，账簿在登记时金额前一律不加货币符号。

5. 编号连续：如果原始凭证已预先印定编号，在写错作废时，应加盖“作废”戳记，妥善保管，不得撕毁。

6. 不得涂改、刮擦、挖补：原始凭证有错误的，应当由出具单位重开或更正，更正处应当加盖出具单位印章。原始凭证金额有错误的，应当重开，不得在原始凭证上更正。

7. 填制及时：各种原始凭证一定要及时填写，并按规定的程序及时送交会计机构、会计人员进行审核。原始凭证的审核人员应检查有关数量、单价、金额是否正确无误，是否与实际业务一致。

二、编制记账凭证的基本要求

1. 记账凭证各项内容须完整，包括填制凭证日期、凭证编号、业务摘要、会计科目、金额、所附原始凭证的张数、相关人员的签章，其中出纳人员仅对收款凭证、付款凭证签章。

2. 记账凭证应连续编号，如果一笔经济业务填制两张以上凭证的，需要采用分数编号法。

3. 记账凭证可以根据每一张原始凭证填制，或根据若干张同类原始凭证汇总编制，也可以根据原始凭证汇总表填制，但不得将不同内容和类别的原始凭证汇总填制一张记账凭证。

4. 除结账和错账更正可以不附原始凭证外，其余记账凭证必须附原始凭证，对以下特殊情况应加以注意:(1)所附原始凭证张数的计算，一般以所附原始凭证自然张数为准;(2)一张原始凭证如涉及到几张记账凭证，可以把原始凭证附在一张主要的记账凭证后面，并在其他记账凭证上注明附有该原始凭证的编号或附上该原始凭证的复印件;(3)一张原始凭证所列的支出需要由几个单位共同负担时，应当由保存该原始凭证的单位开具原始凭证分割单给其他应负担的单位，原始凭证分割单必须具备原始凭证的基本内容。

5. 填制记账凭证时若发生错误，应当按以下原则进行更正:(1)尚未登记入账的记账凭证发现错误的处理:重新填制正确的记账凭证，并据以登记账簿;(2)已经登记入账的记账凭证发现错误的处理:①会计科目书写错误时，用红字填写一张与原内容相同的记账凭证，在摘要栏注明“注销某月某日某号凭证”字样，同时再用蓝字重新填制一张正确的记账凭证，注明“更正某月某日某号凭证”字样;②会计科目正确，但金额错误:如果实填金额大于应填金额，则填制一张红字凭证，其金额为应填金额与实填金额间的差额，用以冲减，如果实填金额小于应填金额，则根据应填金额与实填金额间的差额，编制一张蓝字凭证用以调增。

6. 记账凭证填制完成经济业务事项后，如有空行，应当自金额栏最后一笔金额数字下的空行处至合计数上的空行处划线注销。

三、登记账簿的基本要求

1. 登记会计账簿时，应当将会计凭证日期、编号、业务内容摘要、金额和其他有关资料逐项记入账内，做到数字准确、摘要清楚、登记及时、字迹工整。账簿中的日期，应该填写记账凭证上的日期;以自制的原始凭证(如收料单、领料单等)作为记账依据的，账簿记录中的日期应按有关自制会计凭证上的日期填列。

2. 登记账簿的间隔时间应该多长，没有统一的规定，这要看本单位所采用的具体会计核算形式而定。一般情况下，规模大的单位总账可以三五天登记一次，中小单位可定期或月末进行;日记账和债权债务明细账一天登记一次，现金、银行存款日记账，应根据收、付款记账凭证，随时按照业务发生顺序逐笔登记，每日终了应结出余额。

3. 根据记账凭证登记账簿后，要在记账凭证上签名或者盖章，并注明已经登账的符号，表示已经记账，以免发生重记或漏记。

4. 账簿中书写的文字和数字上面要留有适当空格，不要写满格，一般应占格距的1/2. 这样，在一旦发生登记错误时，能比较容易地进行更正，同时也方便查账工作。

5. 登记账簿要用蓝黑墨水或者碳素墨水书写，不得使用圆珠笔(银行的复写账簿除外)或者铅笔书写。以下特殊情形下可使用红墨水:(1)按照红字冲账的记账凭证，冲销错误记录;(2)在不设借贷等栏的多栏式账页中，登记减少数;(3)在三栏式账户的余额栏前，如未印明余额方向的，在余额栏内登记负数余额;(4)根据国家统一会计制度的规定可以用红字登记的其他会计记录。

6. 各种账簿应按页次顺序连续登记，不得跳行、隔页。如果发生跳行、隔页，应当将空行、空页划线注销，或者注明“此行空白”、“此页空白”字样，并由记账人员签名或者盖章。

7. 凡需要结出余额的账户，结出余额后，应当在“借或贷”等栏内写明“借”或者“贷”等字样。没有余额的账户，应当在“借或贷”等栏内写“平”字，并在余额栏的“元”位用“0”表示，现金日记账和银行存款日记账必须逐日结出余额。

8. 每一账页登记完毕结转下页时，应当结出本页合计数及余额，写在本页最后一行和下页第一行有关栏内，并在摘要栏内注明“过次页”和“承前页”字样，本页合计数的结计方法具体规定如下：(1)对需要结计本月发生额的账户，结计本页合计数应为自本月初起至本页末止的发生额合计数，(2)对需要结计本年累计发生额的账户，结计过次页的本页合计数应当为自年初起至本页末止的累计数，(3)对既不需要结计本月发生额也不需要结计本年累计发生额的账户，可以只将每页末的余额结转次页。

四、结账的基本要求

1. 结账前，应将本期所发生的经济业务全部登记入账。

2. 现金、银行存款日记账的结账：在最后一笔经济业务下面划一条通栏单红线，结出本月发生额合计数及余额，在摘要栏内注明“本月合计”字样，在下面再画一条通栏红线。

3. 明细账的结账：(1)本月没有发生额的账户，不必进行月结，不划结账红线。(2)对需要按月结出本月发生额的账户，如“库存商品”、“应交税费”、“生产成本”、“制造费用”及各种损益类明细账等，需结出“本月合计”发生额及余额，并在“本月合计”行下面划一条通栏单红线。(3)对需要结计本年累计发生额的账户，按月结出本年累计发生额，在“本月合计”字样下划一条通栏单红线后，下面一行摘要栏注明“本年累计”字样，并结出发生额及余额，并在“本年累计”行下划一条通栏单红线。(4)不需按月结计本月发生额的账户，如各项应收、应付款及各项财产物资明细账等，在月末结出余额后，只需在本月最后一笔记录下面画一条通栏单红线即可。

4. 总账的结账：本套实训资料采用科目汇总表账务处理程序，每半月编写一次科目汇总表，月末最后一笔经济业务记录之下划一条红色单线，需结计本月发生额，不需结出本年累计发生额合计数。

5. 年结：年度终了时，各账户按上述方法进行月结的同时，还需将所有账户结计全年发生额和年末余额，在摘要栏内注明“本年合计”字样，并在该行下面划通栏双红线。凡是有余额的账户，还应在下面摘要栏注明“结转下年”字样，不需编制记账凭证，但须把年末余额转入下年新账簿，转入下年新账时，应在账页第一行摘要栏内注明“上年结转”字样，并在余额栏内填写上年结转的余额和方向。

1.3 实训操作流程

1. 实训准备	准备实训工具——熟悉企业会计政策、业务处理流程——熟悉岗位职责——熟悉账簿、账页——了解期初建账资料
2. 建账	启用账簿(包括日记账、明细账、总分类账)——录入期初数据——试算平衡——粘贴口取纸
3. 日常业务处理	取得(填制)、审核原始凭证——凭证传递——登记并审核记账凭证——登记日记账、明细账——每半月编制一次科目汇总表，登记总分类账
4. 计算并结转生产成本	了解成本计算与结转流程——根据账簿记录填制成本计算单——填制并审核成本结转凭证——登记账簿
5. 利润的结转	了解账结法与表结法——根据账簿记录填制并审核利润结转凭证——登记账簿——填制利润分配表——填制并审核利润分配凭证——登记账簿
6. 对账与结账	了解对账流程——对账——结账
7. 编制财务报表	熟悉报表填制原则——根据账簿记录编制资产负债表——根据账簿记录编制利润表
8. 填写纳税申报表	填写增值税、营业税、城建税、教育费附加、企业所得税与个人所得税的纳税申报表
9. 会计档案整理	整理、粘贴凭证——装订凭证——整理账簿——撰写实训报告

1.4 实训耗材

名称	数量	单位
通用记账凭证	50	张
三栏式明细账	50	张
总分类账	1	本
银行存款日记账	1	本
现金日记账	1	本
数量金额式明细账	8	张
应交税费——应交增值税明细账	2	张
多栏式(十三栏)明细账	10	张
固定资产明细账	3	张
生产成本明细账	3	张
凭证皮	2	张
科目汇总表	6	张
资产负债表	1	张
利润表	1	张
报销单据粘贴单	30	张
口取纸	2	张

项目二　实训资料

2.1 模拟企业概况

一、企业基本情况

(一)公司注册信息

单位名称:日照泽瑞服饰有限公司

企业性质:有限责任公司

单位地址:山东省日照市威海路 116 号

联系电话:0633－8172003

法人代表:李天昊

注册资本:80 万，其中日照兴海实业公司出资 60 万，日照万方服饰公司出资 20 万。

经营范围:服装、服饰的生产与销售

组织机构代码:250506000041232

(二)银行开户信息

基本存款账户:中国建设银行日照分行　　银行账号:37001729901050146656

一般存款账户:中国工商银行日照石臼支行　　银行账号:16160200120905010073

银行预留印鉴

财务专用章

法人代表名章

(三)纳税登记信息

国税:日照市国家税务局，税务登记号:372500045578120

地税:日照市地方税务局，税务登记号:320140689700987

二、企业组织机构

该公司设立一个基本生产车间，生产女式西装和女式风衣两种产品，在车间完成产品的裁剪、缝纫及熨烫整理工作，经检验合格后送交成品库。企业采用品种法核算产品成本，原材料在生产开始时一次性投入。此外企业设立采购部、销售部、财务部和办公室等部门，具体财务部岗位分工及工作职责如下：

(1)财务经理：马娟，负责财务部全面工作的计划与开展，报表的编制与纳税申报；

(2)出纳：宋丽丽，负责企业货币资金的收付、日记账的登记、有价证券、空白单据、票据的保管；

(3)会计：学生姓名，负责记账凭证的编制，明细账、总分类账簿的登记工作；

(4)复核：赵娜，负责单据凭证的审核工作；

(5)档案保管：孙鹏，负责会计档案的保管工作。

三、会计核算流程

企业采用科目汇总表账务处理流程，科目汇总表每半月编制一次，并据以登记总分类账簿，具体处理流程如下：

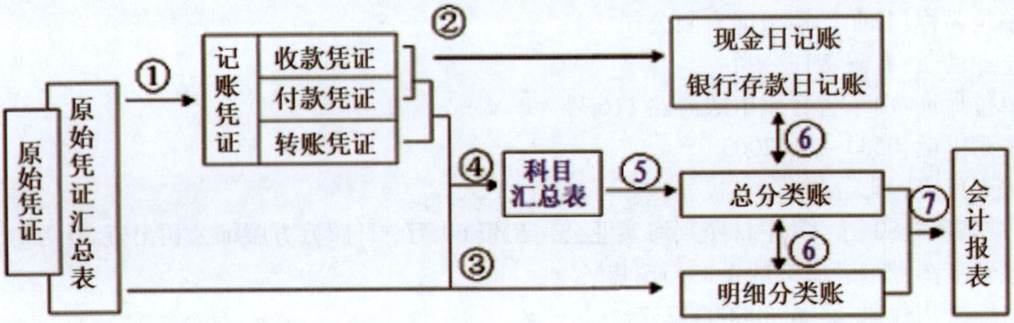

四、企业会计政策

1. 本企业为增值税一般纳税人，执行《企业会计准则》，增值税、企业所得税上缴当地国税局，其他税种上缴当地地税局；公司按规定代扣代缴个人所得税；所得税采用按季预缴，年终汇算清缴的方法；房产税、车船使用税等其他税种按照公司法要求缴纳，企业的所有税种均通过网上进行申报。具体税率如下：

(1)增值税税率17%；

(2)企业所得税税率25%；

(3)城建税税率7%；

(4)教育费附加率3%。

2. 库存现金的限额为5000.00元，现金的使用应遵循《中华人民共和国现金管理暂行条例》的有关规定，企业的基本户开设了电子银行业务。

3. 企业的存货包括原材料、库存商品等，存货核算采用实际成本计价，原材料及库存商品发出时按月末一次加权平均法计算结转成本。

4. 企业的固定资产全部属于生产经营用，均处于在用状态，分为房屋建筑、机器设备和其他三大类，采用平均年限法计提折旧，固定资产的净残值率统一为4%，三类固定资产的预计使用年限分别为20年、10年和5年，月折旧率分别为:0.4%、0.8%和1.6%。

5. 企业采用品种法核算产品成本，成本项目包括直接材料、直接人工和制造费用，成本计算中各分配率保留两位小数。

6. 企业只有一个生产车间，生产女式西装和女式风衣两种产品，制造费用月末按本月工资比例进行分配。

7. 企业未设立工会，因此无需计提工会经费;职工福利费和教育经费暂不计提，在实际发生时予以列支。

8. 五险一金以职工上年月平均工资为基础计算，其中养老保险企业负担20%，个人负担8%;医疗保险企业负担8%，个人负担2%;失业保险企业负担1%，个人负担0.5%;生育保险和工伤保险全部由企业负担，比例为1%，住房公积金企业与个人各自负担12%。

9. 企业坏账采用应收账款余额百分比法，月末按照应收账款余额的3%计提坏账，其他应收款不计提坏账准备。

10. 利润采用"账结法"，月末将所有损益类账户转入"本年利润"科目，年末按税后净利润的10%计提法定盈余公积。

11. 企业购入的单价低于1000元的资产可直接计入当期损益。

12. 企业工资当月发放，未列明的其他事项按照《企业会计准则》进行处理。

2.2 期初建账资料

一、2013 年 12 月 31 日，企业有关账户余额如下：

科目编码	总账科目名称	明细科目名称	总账科目余额		明细科目余额(日记账余额)					账页
			借方	贷方	借方				贷方	
					单位	数量	单价	金额		
1001	库存现金		6 506.00							总账、日记账
1002	银行存款		646 486.50							总账
10020101		建行日照分行						573 890.00		日记账
100202		工商银行日照石臼支行						72 596.50		日记账
1121	应收票据		45 000.00							总账
112101		烟台振华购物中心						45 000.00		三栏式明细账
1122	应收账款		456 750.00							总账
112201		济南银座商贸有限公司						92 355.60		三栏式明细账
112202		威海华联商贸有限公司						143 216.40		三栏式明细账
112203		日照百亚商贸有限公司						221 178.00		三栏式明细账
1123	坏账准备			13 702.50						总账
112301		应收账款							13 702.50	三栏式明细账

科目编码	总账科目名称	明细科目名称	总账科目余额		明细科目余额					账页
			借方	贷方	借方				贷方	
					单位	数量	单价	金额		
1221	其他应收款		760.00							总账
122101		李娟							760.00	三栏式明细账
1402	在途物资		16 000.00							总账
140201		滕州三晶纺织有限公司						16 000.00		三栏式
1403	原材料 *		766 000.00							总账
140301		原料及主要材料						696 000.00		
14030101		化纤面料			米	800	150.00	120 000.00		数量金额式
14030102		毛呢面料			米	1 500	320.00	480 000.00		数量金额式
14030103		里料			米	1 600	60.00	96 000.00		数量金额式
140302		辅助材料						70 000.00		
14030201		扣子			盒	400	100.00	40 000.00		数量金额式
14030202		缝纫线			塔	5 000	6.00	30 000.00		数量金额式
1405		库存商品	1 670 000.00							总账
140501		女式西装			套	500	1600	800 000.00		数量金额式

科目编码	总账科目名称	明细科目名称	总账科目余额		明细科目余额					账页
			借方	贷方	借方				贷方	
					单位	数量	单价	金额		
140502	库存商品	女式风衣			件	600	1450	870 000.00		数量金额式
1601	固定资产		4 483 000.00							总账
160101	房屋建筑							2 140 000.00		固定资产明细账
160102	机器设备							1 500 000.00		固定资产明细账
160103	其他设备							843 000.00		固定资产明细账
1602	累计折旧			493 300.00						总账
160201	房屋建筑								363 400.00	固定资产明细账
160202	机器设备								88 300.00	固定资产明细账
160203	其他设备								41 600.00	固定资产明细账
1901	待处理财产损益									总账
190101		待处理流动财产损益								三栏式明细账
2101	短期借款			250 000.00						总账
210101		经营周转借款							250 000.00	三栏式明细账
2201	应付票据			785 000.00						总账

科目编码	总账科目名称	明细科目名称	总账科目余额		明细科目余额					账页
			借方	贷方	借方				贷方	
					单位	数量	单价	金额		
220101		淄博棉纺织有限公司							785 000.00	三栏式明细账
2202	应付账款			923 500.00						总账
220201		南通春兰纺织有限公司							83 000.00	三栏式明细账
220202		常熟纺织有限公司							840 500.00	三栏式明细账
2211	应付职工薪酬									总账
221101		工资								三栏式明细账
220102		职工教育经费								三栏式明细账
220103		社会保险								三栏式明细账
220104		住房公积金								三栏式明细账
2221	应交税费			12 222.31						总账
222101		未交增值税							3 657.12	三栏式明细账
222102		应交增值税								增值税明细账
22210201		进项税额								增值税明细账
22210202		销项税额								增值税明细账

科目编码	总账科目名称	明细科目名称	总账科目余额		明细科目余额					账页
			借方	贷方	借方				贷方	
					单位	数量	单价	金额		
22210203		转出未交增值税								增值税明细账
22210204		转出多交增值税								增值税明细账
222103		应交城建税							255.99	三栏式明细账
222104		应交教育费附加							109.70	三栏式明细账
222105		应交所得税							6 800.00	三栏式明细账
222106		应交个人所得税							725.50	三栏式明细账
222108		车船使用税							674.00	三栏式明细账
2231	应付利息									总账
223101		借款利息								三栏式明细账
2241	其他应付款									总账
224101		社会保险								三栏式明细账
224102		住房公积金								三栏式明细账
4001	实收资本			800 000.00						总账
400101		兴海实业							600 000.00	三栏式明细账

科目编码	总账科目名称	明细科目名称	总账科目余额		明细科目余额					账页
			借方	贷方	借方				贷方	
					单位	数量	单价	金额		
400102		万方服饰							200 000.00	三栏式明细账
4002	资本公积									总账
400201		资本溢价								三栏式明细账
4101	盈余公积			156 500.00						总账
410101		法定盈余公积							156 500.00	三栏式明细账
4103	本年利润									总账
4104	利润分配			4 891 037.69						总账
410401	未分配利润								4 891 037.69	三栏式明细账
5001	生产成本		234 760.00							总账
500101		女式西装						133 420.00		生产成本明细账
50010101		直接材料						73 000.00		生产成本明细账
50010102		直接人工						36 400.00		生产成本明细账
50010103		制造费用						24 020.00		生产成本明细账
500102		女式风衣						101 340.00		生产成本明细账

科目编码	总账科目名称	明细科目名称	总账科目余额		明细科目余额					账页
			借方	贷方	借方				贷方	
					单位	数量	单价	金额		
50010201		直接材料						54,500.00		生产成本明细账
50010202		直接人工						26,700.00		生产成本明细账
50010203		制造费用						20,140.00		生产成本明细账
5101	制造费用									总账、多栏式明细
6001	主营业务收入									总账、多栏式明细
6401	主营业务成本									总账、多栏式明细
6403	营业税金及附加									总账、多栏式明细
6601	销售费用									总账、多栏式明细
6602	管理费用									总账、多栏式明细
6603	财务费用									总账、多栏式明细
6711	营业外支出									总账、多栏式明细
6801	所得税费用									总账、三栏式明细
合计			8,325,262.50	8,325,262.50						

注意：总账建账注意预留账页

2.3 企业经济业务目录

日照泽瑞服饰有限公司 2014 年 1 月发生的经济业务目录

业务序号	业务摘要	填制或取得的原始票据		
		序号	单据名称	备注
业务 1	预借差旅费	1－1	借款单	
业务 2	提现备用	2－1	提现申请单	
		2－2	现金支票	
业务 3	收回货款	3－1	银行收账通知单	
业务 4	采购物资	4－1	销货单	
		4－2	增值税专用发票	发票联
		4－3	入库单	
		4－4	增值税专用发票	抵扣联
业务 5	购买办公用品	5－1	增值税专用发票	发票联
		5－2	支出审批单	
		5－3	采购物资清单	
		5－4	银行付款单	
		5－5	增值税专用发票	抵扣联
业务 6	报销差旅费	6－1	差旅费报销单	
		6－2	火车票	2 张
		6－3	出租车票	5 张
		6－4	住宿发票	
		6－5	收据	
业务 7	销售产品	7－1	增值税专用发票	记账联
		7－2	销货单	
		7－3	出库单	
业务 8	缴纳税款	8－1	国税电子缴税凭证	1 张
		8－2	地税电子缴税凭证	3 张
业务 9	生产领料	9－1	领料单	
业务 10	支付产品广告费	10－1	增值税专用发票	发票联
		10－2	支出审批单	
		10－3	增值税专用发票	抵扣联

续表

业务11	支付生产设备修理费	11－1	增值税专用发票	发票联
		11－2	支出审批单	
		11－3	转账支票	
		11－4	增值税专用发票抵扣联	
业务12	报销业务招待费	12－1	餐饮发票	
		12－2	支出审批单	
业务13	收回个人欠款	13－1	收据	
业务14	发放工资	14－1	支出审批单	
		14－2	工资单	
		14－3	银行转账回单	
		14－4	工资发放审批单	
业务15	购买支票	15－1	银行收费凭条	
业务16	采购材料	16－1	销货单	
		16－2	增值税专用发票	发票联
		16－3	增值税专用发票	抵扣联
		16－4	入库单	
		16－5	运费发票	销货方代垫运费
业务17	缴纳公积、社保	17－1	公积金缴款单	
		17－2	社会保险缴款单	
业务18	对外捐赠	18－1	捐赠收据	
		18－2	支出审批单	
		18－3	转账支票	
业务19	生产领料	19－1	领料单	
业务20	购买固定资产	20－1	支出审批单	
		20－2	采购发票	
		20－3	电子转账回单	
		20－4	固定资产验收单	
业务21	支付本月电费	21－1	支出审批单	
		21－2	电费分配表	
		21－3	电费发票	
		21－4	电子转账回单	

续表

业务22	报销过路费、停车费	22－1	过路费发票	4张
		22－2	停车费发票	
		22－3	支出审批单	
业务23	销售货物	23－1	增值税专用发票	记账联
		23－2	销货单	
		23－3	出库单	
业务24	接受投资	24－1	进账单(收账通知)	
		24－2	投资协议书	
		24－3	股东大会决议书	
业务25	盘点现金	25－1	现金盘点表	
业务26	上月采购货物到库	26－1	入库单	
业务27	现金长款处理意见	27－1	处理意见	
业务28	分配本月职工薪酬	28－1		原凭见业务14
业务29	计提企业负担公积、社保	29－1	社保公积计算分配表	
业务30	代扣个人负担的公积、社保	30－1	个人负担公积社保计算表	参考业务14原凭
业务31	代扣个人负担的个人所得税	31－1	原凭见业务14	
业务32	计提本期折旧	32－1	折旧计提表	
业务33	计提利息	33－1	利息计提表	
业务34	计提坏账	34－1	坏账准备计提表	
业务35	本月发料汇总	35－1	发料汇总表	
业务36	分配制造费用	36－1	制造费用分配表	
业务37	产品完工入库	37－1	女式风衣成本计算表	2张
		37－2	女式西装成本计算表	
		37－3	产成品入库单	
业务38	结转已售产品的成本	38－1	销售产品成本计算表	
业务39	结转未交增值税	无		
业务40	计提1月附加税	40－1	税费计算表	
业务41	结转损益	无		

2.4　原始凭证

日照泽瑞服饰有限公司 2014 年 1 月经济业务原始凭证

【业务 1】

借　款　单　　　　业务1-1

资金性质：现金　　　　2014 年 01 月 01 日

借款单位	销售部		
借款理由	考察市场		
借款金额	人民币（大写）肆仟元整	现金付讫	¥ 4000.00
本单位负责人意见	李天昊	借款人（签章）	王强
领导批示：郑洪文	会计主管核批：马娟	付款记录：2014 年 01 月 01 日以第　号支票或现金支出凭单付给	

【业务 2】

提 现 申 请 单　　　　业务2-1

填写日期　　2014年1月2日

收款单位	日照泽瑞服饰有限公司		
地址	山东省日照市威海路116号	联系电话	0633-8172003
收款人开户行	中国建设银行日照分行	开户账号	
内容	提取备用金		
大写	伍仟元整	¥5,000.00	

审批：马娟　　　　审核：赵娜　　　　制表：宋雨雨

中国建设银行
现金支票存根
10503720
06879368

附加信息

出票日期 2014年 01月 02日
收款人：日照泽瑞服饰有限公司
金 额 ￥5000.00
用 途 提现备用

单位主管 会计

业务2-2

中国建设银行 现金支票
10503720
06879368

出票日期（大写）贰零壹肆年 零壹 月零贰 日
付款行名称：建行日照分行营业部0501
收款人：日照泽瑞服饰有限公司
出票人账号：37001729901050124656

付款期限自出票之日起十天

人民币（大写）	伍仟元整	亿	千	百	十	万	千	百	十	元	角	分
						￥	5	0	0	0	0	0

用途 提现备用
密码 132-0052-2157-0323
上列款项请从
行号 105451000016 密码支票
我账户内支付
出票人签章

日照泽瑞服饰有限公司 财务专业章
李昊印天

复核 记账

操作提示：支票正联应交付开户行，存根联作为原始凭证

【业务3】

中国建设银行
China Construction Bank

业务3-1

处理 方向：已入账
业务代码：
凭证号码：2100030322
收款人账号：1102024557700012244
收款人户名：日照泽瑞服饰有限责任公司
付款人户名：威海华联商贸有限责任公司
金额(大写)：柒万零贰佰壹拾陆元肆角整
金额(小写)：￥70216.40
提 回 行：
汇出行行号：01616
收报行行号：
发报行行号：25456
用 途：货款
打印次数：1
开票日期：2014-01-03 入账日期：2014-01-03 打印日期：2014-01-03

收账通知

中国建设银行股份有限公司
日照分行
业务专用章
45AF50B04014

记账： 复核：

【业务4】

业务4-1

淄博棉纺织有限责任公司

NO.0271001

收货单位：日照泽瑞服饰有限责任公司　　**销货单**　　时间：2014 年01 月04 日

产品名称	单位	单价	数量	备注	金额 百	十	万	千	百	十	元	角	分
化纤面料	米	180.00	200				3	6	0	0	0	0	0
毛呢面料	米	300.00	100				3	0	0	0	0	0	0
						¥	6	6	0	0	0	0	0
合计人民币（大写）：陆万陆仟元整													

客户联

送货单位主管 李洲　　制票 王娜　　送货人 张琨　　收货单位（人）何海

山东增值税专用发票

3700130124　　发票联　　NO 02757486　　业务4-2

开票日期　2014年01月04日

购货单位	名　　称：日照泽瑞服饰有限责任公司 纳税人识别号：372500045578120 地址、电话：日照市威海路116号 0633-8172003 开户行及账号：中国建设银行日照分行37001729901050124656	密码区	21661>30-61＊-69<927291-/<9- 6+05>381526>1>97-2458992035 -+/8//>>4512＊＊/41940815 -/70<＊450>0+38264-?90776548

货物或应税劳务名称	规格型号	单位	数量	单价	金额	税率	税额
化纤面料		米	200	180.00	36000.00	17%	6120.00
毛呢面料		米	100	300.00	30000.00	17%	5100.00
合　　计					¥66000.00		¥11220
价税合计（大写）	⊗柒万柒仟贰佰贰拾元整				（小写）¥77220.00		

销货单位	名　　称：淄博棉纺织有限责任公司 纳税人识别号：372512200112966 地址、电话：山东淄博市周村电厂路93号 开户行及账号：中国建设银行淄博分行37003258791050325664	淄博棉纺织有限责任公司 372512200112966 发票专用章

收款人：张峰　　复核：胡梅　　开票人：张峰　　开票单位（章）

国税函（2012）579号 西安印钞有限公司

第三联：发票联 购货方记账凭证

业务4-3　日照泽瑞服饰有限责任公司　入库单　N0.02014001

供应商：淄博棉纺织有限责任公司　验收部门：仓库　入库日期：2014 年01 月04 日

编号	品名	单位	交库数量	实收数量	单价	金额
14001	化纤面料	米	200	200	180.00	36000.00
14002	毛呢面料	米	100	100	300.00	30000.00
	合计					¥66000.00
合计人民币（大写）：陆万陆仟元整						

第三联记账

送货 张强　仓库 何海　财务 赵娜　审核 何海

山东增值税专用发票

3700130124　NO 02757486　业务4-4

抵扣联

开票日期　2014年01月04日

购货单位	
名称	日照泽瑞服饰有限责任公司
纳税人识别号	372500045578120
地址、电话	日照市威海路116号 0633-8172003
开户行及账号	中国建设银行日照分行37001729901050124656
密码区	21661>30-61＊-69<927291-/<9-6+05>381526>1>97-2458992035-+/8//>>4512＊＊/41940815-/70<＊450>0+38264-?90776548

货物或应税劳务名称	规格型号	单位	数量	单价	金额	税率	税额
化纤面料		米	200	180.00	36000.00	17%	6120.00
毛呢面料		米	100	300.00	30000.00	17%	5100.00
合计					¥66000.00		¥11220
价税合计（大写）	⊗柒万柒仟贰佰贰拾元整				（小写）¥77220.00		

销货单位	
名称	淄博棉纺织有限责任公司
纳税人识别号	372512200112966
地址、电话	山东淄博市周村电厂路93号
开户行及账号	中国建设银行淄博分行37003258791050325664

淄博棉纺织有限责任公司 372512200112966 发票专用章

收款人：张峰　复核：胡梅　开票人：张峰　开票单位（章）

国税函（2012）579号 西安印钞有限公司

第二联：抵扣联 购货方扣税凭证

操作提示：企业在采购过程中，取得的增值税专用发票抵扣联用于向税务机关进行抵扣认证之用，不作为原始凭证附在记账凭证后面，月末将当月全部认证的抵扣联同认证清单装订成册保存，以供税务机关备查。

【业务5】

业务5-1

山东增值税专用发票

3701104620　　发票联　　NO 09290002

开票日期　2014年01月06日

购货单位	名　　称：日照泽瑞服饰有限责任公司 纳税人识别号：372500045578120 地 址、电 话：日照市威海路116号 0633-8172003 开户行及账号：中国建设银行日照分行37001729901050124656	密码区	21002>30-61＊1254<97291-/<80 <6+05>381526>1>97-232899001 ->>4512＊＊/419＋/8//40815 -/70<＊450>0+38264-?90025884

货物或应税劳务名称	规格型号	单位	数量	单价	金额	税率	税额
打印纸		宗	1	440.00	440.00	17%	74.80
HP1102打印机		台	1	830.00	830.00	17%	141.10
合　　计					￥1270.00		￥215.90
价税合计（大写）	⊗壹仟肆佰捌拾伍元玖角整				（小写）￥1485.90		

销货单位	名　　称：日照好和电子有限责任公司 纳税人识别号：371102733710323 地 址、电 话：日照市烟台路93号 0633-8065566 开户行及账号：中国建设银行日照分行37001800901324722373	备注

收款人：张峰　　复核：胡梅　　开票人：张峰　　开票单位（章）

（印章：日照好和电子有限责任公司 371102733710323 发票专用章）

国税函（2012）579号 西安印钞有限公司

第三联：发票联 购货方记账凭证

业务5-2

支出审批单

2014 年 1 月 6 日

支出内容	支付日照好和电子有限责任公司打印机、打印纸款			
金额合计（大写）	壹仟肆佰捌拾伍元玖角整　　￥1485.90			
财务审批金额（大写）	壹仟肆佰捌拾伍元玖角整　　￥1485.90			
领款人	经办人	批准人		
	董凯	部门领导：张琳	分管领导：孙聪	总经理：李天昊

（印章：银行付讫）

报销单位：人力资源部　　财务审核人：赵卿　　财务主管：马娟

业务5-3

办公用品清单

序号	名 称	单位	数量	单价	金额	税率	税额	日期
1	打印纸	宗	1	440.00	440.00	17%	74.80	2014-01-06
2	HP1102打印机	台	1	830.00	830.00	17%	141.10	2014-01-06
	合计		3		1270.00		215.90	

制表：董凯　　　　复核：赵卿

操作提示：企业购入的办公用工具、用品，可区分企业规模分别作为“固定资产”、“周转材料——低值易耗品”或者计入当期损益，根据本企业规定，单价低于1000元的办公用品可计入当期损益，故本业务可直接记入“管理费用——办公费”，因取得专用发票，增值税可抵扣。

中国建设银行 China Construction Bank

中国建设银行单位客户专用回单

业务5-4

币别：人民币　　2014年01月06日　　流水号：3707188087UQRAQX080S

付款人	全 称	日照泽瑞服饰有限责任公司	收款人	全 称	日照好和电子有限责任公司
	账 号	37001729901050124656		账 号	37001800901347225373
	开户行	中国建设银行日照分行营业部营业室		开户行	中国建设银行日照分行营业部营业室
金 额		(大写)人民币贰元整			(小写) ¥1485.90
凭证种类		电子转账凭证		凭证号码	0701000000396796
结算方式		转账		用 途	购买办公用品

打印柜员：370718808002
打印机构：日照分营业部营业室
打印卡号：07000000103[illegible]990

中国建设银行 电子回单 专用章

打印时间：2014-01-06 10:50:08　　交易柜员：C11C11100000005　　交易机构：370718808

（借方回单）

本回单可通过网点自助设备或建行网站核验真伪

国税函（2012）579号 西安印钞有限公司

山东增值税专用发票

3701104620　　抵扣联　　NO 09290002　　业务5-5

开票日期 2014年01月06日

购货单位		密码区
名　　称	日照泽瑞服饰有限责任公司	21002>30-61*1254<97291-/<80
纳税人识别号	372500045578120	<6+05>381526>1>97-232899001
地址、电话	日照市威海路116号 0633-8172003	->>4512**/419+/8//40815
开户行及账号	中国建设银行日照分行37001729901050124656	-/70<*450>0+38264-?90025884

货物或应税劳务名称	规格型号	单位	数量	单价	金额	税率	税额
打印纸		宗	1	440.00	440.00	17%	74.80
HP1102打印机		台	1	830.00	830.00	17%	141.10
合　　计					¥1270.00		¥215.90
价税合计（大写）	⊠壹仟肆佰捌拾伍元玖角整				（小写）¥1485.90		

销货单位	
名　　称	日照好和电子有限责任公司
纳税人识别号	371102733710323
地址、电话	日照市烟台路93号 0633-8065566
开户行及账号	中国建设银行日照分行37001800901324722373

日照好和电子有限责任公司 371102733710323 发票专用章

收款人：张峰　　复核：胡梅　　开票人：张峰　　开票单位（章）

第二联：抵扣联 购货方扣税凭证

【业务6】

业务6-1

差旅费报销单

部门 销售部　　2014 年 01 月 07 日　　金额单位:元

出差人			王强			出差事由	考察市场						
出发			到达			交通工具	车船费		出差补贴		项目	单据张数	金额
月	日	地点	月	日	地点		单据张数	金额	天数	金额	车船费和出差补贴		
01	02	日照	01	02	济南	火车	1	194.00	6	600.00	住宿费	1	1650.00
01	06	济南	01	06	日照	火车	1	126.00			市内车费	5	105.07
											邮电办公用品费		
											其他		
小计						预借：4000.00		结余或超支1324.93			不买卧铺补贴		
报销金额	人民币 ⊠万贰仟陆佰柒拾伍元零角柒分										金额合计	2675.07	

部门负责人 郑洪文　　稽核 赵娜　　报销人 王强

业务6-2
日照 济南
日照 K2604次 济南
Rizhao JiNan
2014年01月02日07:10开 12车001号下铺
￥194.00元 新空调软卧
限乘当日当次车 在3日内到有效
23693001011112A002362

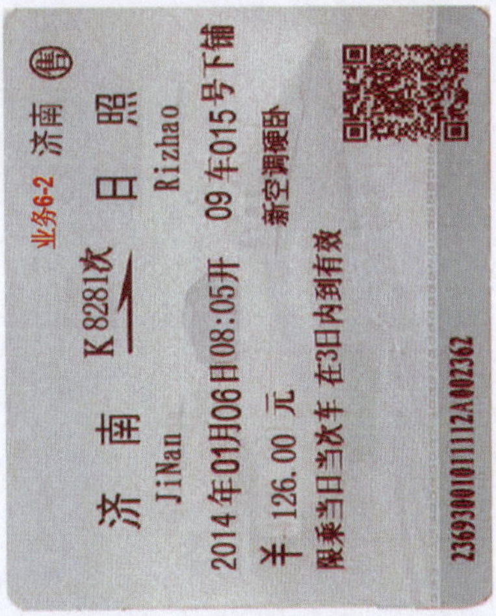
业务6-2
济南 日照
济南 K8281次 日照
JiNan Rizhao
2014年01月06日08:05开 09车015号下铺
￥126.00元 新空调硬卧
限乘当日当次车 在3日内到有效
23693001011112A002362

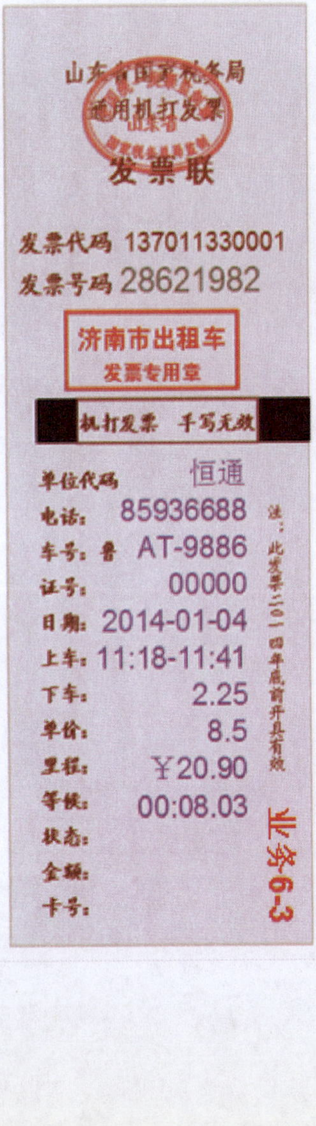
山东省国家税务局
通用机打发票
发票联
发票代码 137011330001
发票号码 28621982
济南市出租车
发票专用章
机打发票 手写无效
单位代码 恒通
电话：85936688
车号：鲁 AT-9886
证号：00000
日期：2014-01-04
上车：11:18-11:41
下车：2.25
单价：8.5
里程：￥20.90
等候：00:08.03
状态：
金额：
卡号：
注：此发票2014年底前开具有效
业务6-3

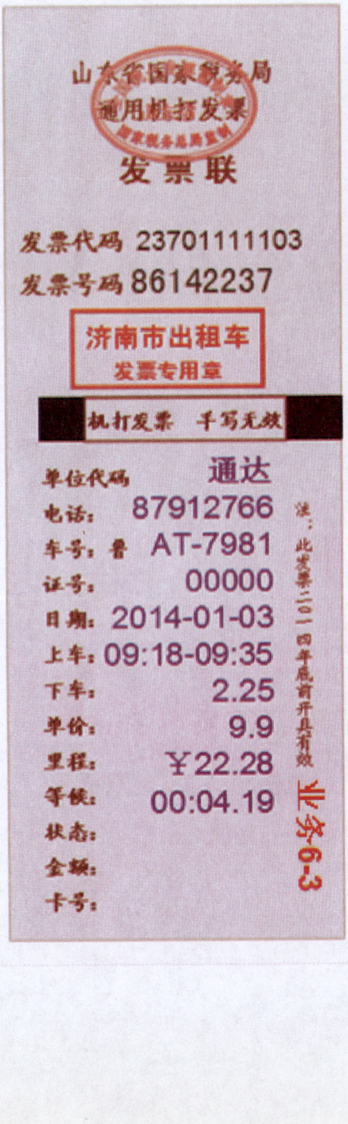
山东省国家税务局
通用机打发票
发票联
发票代码 23701111103
发票号码 86142237
济南市出租车
发票专用章
机打发票 手写无效
单位代码 通达
电话：87912766
车号：鲁 AT-7981
证号：00000
日期：2014-01-03
上车：09:18-09:35
下车：2.25
单价：9.9
里程：￥22.28
等候：00:04.19
状态：
金额：
卡号：
注：此发票2014年底前开具有效
业务6-3

山东省国家税务局
通用机打发票
发票联
发票代码 23711131103
发票号码 00929800
监督电话：
市物价局：
市客管中心：
日照市
出租车
发票专用章
机打发票 手写无效
单位代码 现代公司
电话：03387150
车号：鲁 L.T6026
证号：00000
日期：2014-01-06
上车：21:10
下车：21:23
单价：2.25元
里程：9.4km
等候：00:01.05
状态：2
金额：18.00元
卡号：
注：此发票2014年底前开具有效
业务6-3

山东省国家税务局
通用机打发票
发票联

发票代码 23711131103
发票号码 00537142
监督电话：
市物价局：
市客管中心：

日照市
出租车
发票专用章

机打发票　手写无效

单位代码 大众公司
电话： 08211119
车号：鲁 L.T6501
证号： 00000
日期： 2014-01-02
上车： 06:30
下车： 06:45
单价： 2.25元
里程： 9.0km
等候： 00:00.27
状态： 2
金额： 20.25元
卡号：

注：此发票二〇一四年底前开具有效

业务6-3

山东省国家税务局
通用机打发票
发票联

发票代码 137011330001
发票号码 28620261

济南市出租车
发票专用章

机打发票　手写无效

单位代码 恒通
电话： 85936688
车号：鲁 AT-8875
证号： 00000
日期： 2014-01-05
上车： 14:28-14:56
下车： 2.25
单价： 10.5
里程： ￥23.64
等候： 00:00.13
状态：
金额：
卡号：

注：此发票二〇一四年底前开具有效

业务6-3

山东省地方税务局通用机打发票
发票联 INVOICE

密码 PASSWORD
发票代码 INVOICECODE: 237051400110
发票号码 INVOICE No: 00826586
机打票号 PRINTING No: 00826586
机器编码 RECEIVER No: 001700003244
收款单位 PAYEE: 济南贵都酒店管理有限公司
税务登记号 TAX REGISTERY No: 000003705230509 4733
开票日期 DATEISSUED: 2014-01-06　收款员 RECEIVED BY: 收款员
付款单位(个人) PAYER: 日照泽瑞[illegible]有限责任公司
经营项目 ITEMS OF BUSINESS　金额 AMOUNT CHARGED
住宿费　1650.00
合计(小写) TOTAL IN FIGURES: ￥1650.00
合计(大写) TOTAL IN CAPITALS: 壹仟陆佰伍拾元整
税控码 ANTI-FORGERY CODE: 1267 3015 3333 6667 6550

HAND-WRITINGINVALIDEXCEPTPAYER
除付款单位外手写无效

济南贵都酒店管理有限公司
370523050934733
发票专用章

奖区 AWARD AREA　密码 PASSWORD
发票代码 INVOICECODE: 237051400110
发票号码 INVOICE No: 00826586

业务6-4

收 据（代收款凭证）

业务6-5

NO 0010261

入账日期：2014 年 01 月 07 日

缴款单位 王强　　收款方式 现金

人民币（大写）壹仟叁佰贰拾肆元玖角叁分　　￥1324.93

收款事由 退回差旅费余款

现金收讫

科目	一级	二级或明细
借方		
贷方		

财会主管 马娟　　记账　　出纳 宋丽丽　　审核 赵娜　　经办 王强

【业务7】

山东增值税专用发票

业务7-1

37110130140　　发票联　　NO 01125024

开票日期 2014年01月08日

国税函（2012）579号 西安印钞有限公司

购货单位		密码区
名　　称：威海华联商贸有限责任公司 纳税人识别号：371105468711279 地址、电话：威海市新威路68号 0631-5227390 开户行及账号：中国建设银行威海分行37002844691325887423		>96-<>68/*433672>/183>>8*3/ 2584+54>6-39+78<222455><2 >>-418>1-5875846/365*>254>1 45-8<2<1*///0+125<2148365847+

货物或应税劳务名称	规格型号	单位	数量	单价	金额	税率	税额
女式西装		套	400	2400.00	960000.00	17%	163200.00
女式风衣		件	300	2200.00	660000.00	17%	112200.00
合　计					￥1620000.00		￥275400.00
价税合计（大写）	壹佰捌拾玖万伍仟肆佰元整				（小写）￥1895400.00		

销货单位	
名　　称：日照泽瑞服饰有限责任公司 纳税人识别号：372500045578120 地址、电话：日照市威海路116号 0633-8172003 开户行及账号：中国建设银行日照分行37001729901050124656	合同号：w[illegible]0015257

日照泽瑞服饰有限公司 372500045578120 发票专用章

收款人：赵娜　　复核：赵娜　　开票人：张慧芳　　开票单位（章）

第一联：记账联 销货方记账凭证

业务7-2

日照泽瑞服饰有限责任公司

销货单

N0.0273101

收货单位：威海华联商贸有限责任公司

地址电话：威海市新威路68号 0631-5227390

时间：2014 年01 月08 日

产品名称	单位	单价	数量	备注	亿	千	百	十	万	千	百	十	元	角	分
女式西装	套	2400.00	400					9	6	0	0	0	0	0	0
女式风衣	件	2200.00	300					6	6	0	0	0	0	0	0
						¥	1	6	2	0	0	0	0	0	0
合计人民币（大写）：壹佰陆拾贰万元整															

会计联

销售经理 郑洪文　经办人 韩磊　仓保 王晓　签收人 孙爱国

日照泽瑞服饰有限责任公司出库单　业务7-3

2014 年01 月 08 日

N0.0273101

提货单位（部门）	销售部	发票号码或生产单号码	01125024	发出仓库	成品库	出库日期	01-08

货号	名称及规格	单位	数量：要货数	数量：发货数	单位成本	金额	备注
N01	女式西装	套	400	400			
N02	女式风衣	件	300	300			
合计							

第二联 记账联

财会部门主管 马娟　记账 严莉莉　保管部门主管 陈庚　发货 何海　单位部门主管 孙聪　制单 孙靖

操作提示：在本业务中，财务人员应根据业务 7－1 、业务 7－2 编制收入的记账凭证，由于企业存货采用月末一次加权平均法核算，因此只需根据出库单登记库存商品明细账的发出数量，待月底计算出单价后，再汇总编制已售产品成本结转的记账凭证，业务 7－3 作为成本结转的原始凭证，可暂不剪下。

【业务 8】

电子缴税付款凭证

业务8-1

机构代码：8100214011　　委托日期：2014/01/04　　流水号：81011111R000000

柜员代号：321　　币别：

纳税人全称：日照泽瑞服饰有限责任公司

纳税人编码：372500045578120

付款人全称：日照泽瑞服饰有限责任公司

付款人账号：37001729901050124656　　付款人开户银行：313473200011

征收机关名称：日照市东港区国家税务局

收款国库行名称：日照市国库东港区支库

小写（合计）金额：3657.12　　缴款书交易流水号：50072236

大写（合计）金额：叁仟陆佰伍拾柒元壹角贰分

税票号码：320140253000565698　　打印时间2014/01/09

税/费种名称	所属时期	实缴金额	打印次数
增值税	20131201-20131231	3657.12	1

电子缴税付款凭证

业务8-2

机构代码：8100214011　　委托日期：2014/01/04　　流水号：81011111R000003

柜员代号：321　　币别：

纳税人全称：日照泽瑞服饰有限责任公司

纳税人编码：372500045578120

付款人全称：日照泽瑞服饰有限责任公司

付款人账号：37001729901050124656　　付款人开户银行：313473200011

征收机关名称：日照市地方税务局直属征收分局

收款国库行名称：国家金库日照市中心支库

小写（合计）金额：674.00　　缴款书交易流水号：50072241

大写（合计）金额：陆佰柒拾肆元整

税票号码：320140253000565712　　打印时间2014/01/09

税/费种名称	所属时期	实缴金额	打印次数
车船使用税	20131201-20131231	674.00	1

电子缴税付款凭证

业务8-2

机构代码：8100214011　　委托日期：2014/01/04　　流水号：81011111R000001
柜员代号：321　　币别：

纳税人全称：日照泽瑞服饰有限责任公司
纳税人编码：372500045578120
付款人全称：日照泽瑞服饰有限责任公司
付款人账号：37001729901050124656　　付款人开户银行：313473200011
征收机关名称：日照市地方税务局直属征收分局
收款国库行名称：国家金库日照市中心支库
小写（合计）金额：365.69　　缴款书交易流水号：50072242
大写（合计）金额：叁佰陆拾伍元陆角玖分
税票号码：320140253000565711　　打印时间2014/01/09

税/费种名称	所属时期	实缴金额	打印次数
城市建设维护税	20131201-20131231	255.99	1
教育费附加	20131201-20131231	109.70	1

电子缴税付款凭证

业务8-2

机构代码：8100214011　　委托日期：2014/01/04　　流水号：81011111R000002
柜员代号：321　　币别：

纳税人全称：日照泽瑞服饰有限责任公司
纳税人编码：372500045578120
付款人全称：日照泽瑞服饰有限责任公司
付款人账号：37001729901050124656　　付款人开户银行：313473200011
征收机关名称：日照市地方税务局直属征收分局
收款国库行名称：国家金库日照市中心支库
小写（合计）金额：725.50　　缴款书交易流水号：50072241
大写（合计）金额：柒佰贰拾伍元伍角整
税票号码：320140253000565710　　打印时间2014/01/09

税/费种名称	所属时期	实缴金额	打印次数
个人所得税	20131201-20131231	725.50	1

【业务9】

业务9-1

日照泽瑞服饰有限责任公司　领料单　　N0.00014001

领料部门：生产车间　　　　2014 年01 月09 日　　　　仓库：材料库

编号	品名	单位	请领数量	实领数量	单价	金额
14002	毛呢面料	米	400	400		
14003	里料	米	500	500		
24002	缝纫线	塔	60	60		
用途：生产女式西装						

第三联会计联

仓库负责人　陈爽　　　　发料　何海　　　　领料　张晓明

操作提示：企业采用月末一次加权平均法核算发出存货成本，因此在原材料明细账簿只登记发出材料的数量，不登记金额，待月底计算发出单价和金额后汇总填制领料的记账凭证。

【业务10】

山东增值税专用发票

发票联

3720100211　　　　NO 02010249　业务10-1

开票日期　2014年01月10日

购货单位	名　　称：日照泽瑞服饰有限责任公司 纳税人识别号：372500045578120 地 址、电 话：日照市威海路116号 0633-8172003 开户行及账号：中国建设银行日照分行37001729901050124656	密码区	21002>30-61＊>>5284233*-1081 <6+05>381526>1>97-22>>*-102 -1254<>＊2547＊/419＋/8//21 -/70<＊450>0+38264-?<>0125*40

货物或应税劳务名称	规格型号	单位	数量	单价	金额	税率	税额
广告费					800.00	6%	48.00
合　　计					￥800.00		￥48.00
价税合计（大写）	¤捌佰肆拾捌元整				（小写）	￥848.00	

销货单位	名　　称：日照天天乐传媒有限公司 纳税人识别号：372512233887569 45 地 址、电 话：山东日照市北京路105号 开户行及账号：中国建设银行日照分行37003367895000 1225	

收款人：王海峰　　　　复核：林夏　　　　开票人：王海峰　　　　开票单位（章）

日照天天乐传媒有限公司 372512004100 6977 发票专用章

国税函（2012）579号 西安印钞有限公司

第三联：发票联 购货方记账凭证

操作提示：自 2013 年 8 月 1 日起，广告业全国范围内营业税改纳增值税，一般纳税人税率为 6%，小规模纳税人税率 3%，企业支付广告费取得的合法发票，认证通过后可抵扣销项税额。

支出审批单

业务10-2

2014 年 1 月 10 日

支出内容	支付日照天天乐传媒有限公司广告费			
金额合计（大写）	捌佰肆拾捌元整 ￥848.00			
财务审批金额（大写）	捌佰肆拾捌元整 ￥848.00			
领款人	经办人	批准人		
王红	谢娜	部门领导：郑洪文	分管领导：孙聪	总经理：李天昊

现金付讫

报销单位：销售部　　财务审核人：赵娜　　财务主管：马娟

山东增值税专用发票

3720100211　　NO 02010249　业务10-3

抵扣联

开票日期 2014年01月10日

购货单位	名称：日照泽瑞服饰有限责任公司 纳税人识别号：372500045578120 地址、电话：日照市威海路116号 0633-8172003 开户行及账号：中国建设银行日照分行37001729901050124656			密码区	21002>30-61＊>>5284233*-1081 <6+05>381526>1>97-22>>*-102 -1254<>＊2547＊/419＋/8//21 -/70<＊450>0+38264-?<>0125*40		
货物或应税劳务名称	规格型号	单位	数量	单价	金额	税率	税额
广告费					800.00	6%	48.00
合计					￥800.00		￥48.00
价税合计（大写）	⊗捌佰肆拾捌元整				（小写）￥848.00		
销货单位	名称：日照天天乐传媒有限公司 纳税人识别号：372512233887569 45 地址、电话：山东日照市北京路105号 开户行及账号：中国建设银行日照分行37003367895000 1225				备注		

国税函（2012）579号 西安印钞有限公司

第二联：抵扣联 购货方扣税凭证

日照天天乐传媒有限公司 372512004100 6977 发票专用章

收款人：王海峰　　复核：林夏　　开票人：王海峰　　开票单位（章）

【业务11】

业务11-1

山东增值税专用发票

3700123014　　　　发票联　　　　NO 0275486

开票日期　2014年01月11日

购货单位	名　称：日照泽瑞服饰有限责任公司 纳税人识别号：372500045578120 地址、电话：日照市威海路116号 0633-8172003 开户行及账号：中国建设银行日照分行37001729901050124656	密码区	123332>30-61＊<>002*1254+10 <6+05>38526>1>97-23<00>>25 ->>4512＊254＊>>/419＋/ 02158 -/014<*+2548<>236*+?90025884

货物或应税劳务名称	规格型号	单位	数量	单价	金额	税率	税额
修理费		宗	1		5252.14	17%	892.86
合　计					￥5252.14		￥892.86
价税合计（大写）	⊗陆仟壹佰肆拾伍元整				（小写）￥6145.00		

销货单位	名　称：日照经济开发区华辰汽修厂 纳税人识别号：372802195211106513 16 地址、电话：日照市秦皇岛路北 0633-2218126 开户行及账号：中国建设银行日照分行2299905290447	备注

收款人：　　复核：　　开票人：邹明　　开票单位（章）

（印章：日照经济开发区华辰汽修厂 372802195211065136 发票专用章）

国税函〔2012〕579号 西安印钞有限公司

第三联：发票联　购货方记账凭证

业务11-2

支　出　审　批　单

2014 年 1 月 11 日

支出内容	支付日照经济开发区华辰汽修厂汽车修理费		
金额合计（大写）	陆仟壹佰肆拾伍元整　　￥6145.00		
财务审批金额（大写）	陆仟壹佰肆拾伍元整　　￥6145.00		
领款人	经办人	批准人	
	李鑫	部门领导：孙鹏 分管领导：孙聪	总经理：李天昊

（印章：银行付讫）

报销单位：办公室　　财务审核人：赵娜　　财务主管：马娟

中国建设银行
转账支票存根
10503720
06879395

附加信息

出票日期 2014 年 01 月 11 日

收款人：	日照经济开发区华辰汽修厂
金　额	￥6145.00
用　途：	汽车修理费

单位主管　　会计

中国建设银行　转账支票　　业务11-3　　10503720　06879395

出票日期（大写）贰零壹肆 年 零壹 月 壹拾壹 日　　付款行名称：建行日照分行营业部0501

收款人：日照经济开发区华辰汽修厂　　出票人账号：37001729901050124656

付款期限自出票之日起十天

人民币（大写）	亿	千	百	十	万	千	百	十	元	角	分
陆仟壹佰肆拾伍元整					￥	6	1	4	5	0	0

用途 支付修理费　　密码

上列款项请从　　行号 105451000016　密码支票

我账户内支付

出票人签章　日照泽瑞服饰有限公司 财务专业章　　复核　　记账　吴李印天

山东增值税专用发票　　业务11-4

3700123014　　抵扣联　　NO 0275486

开票日期　2014年01月11日

购货单位	名　　称：日照泽瑞服饰有限责任公司 纳税人识别号：372500045578120 地址、电话：日照市威海路116号 0633-8172003 开户行及账号：中国建设银行日照分行37001729901050124656	密码区：123332>30-61＊<>002*1254+10 <6+05>38526>1>97-23<00>>25 ->>4512＊254＊>>/419＋/02158 -/014<*+2548<>236*+?90025884

货物或应税劳务名称	规格型号	单位	数量	单价	金额	税率	税额
修理费		宗	1		5252.14	17%	892.86
合　　计					￥5252.14		￥892.86
价税合计（大写）	⊗陆仟壹佰肆拾伍元整				（小写）￥6145.00		

销货单位	名　　称：日照经济开发区华辰汽修厂 纳税人识别号：372802195211106513l6 地址、电话：日照市秦皇岛路北 0633-2218126 开户行及账号：中国建设银行日照分行2299905290447

收款人：　　复核：　　开票人：邹明　　开票单位（章）　日照经济开发区华辰汽修厂 372802195211065136 发票专用章

国税函（2012）579号 西安印钞有限公司

第二联：抵扣联　购货方扣税凭证

【业务 12】

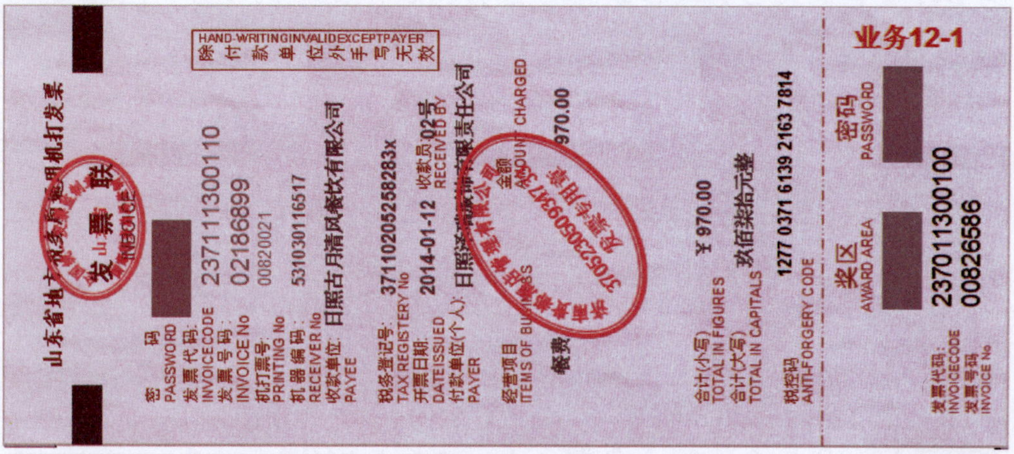

业务12-1

山东省地方税务局通用机打发票

发票联

密码 PASSWORD [redacted]

发票代码 INVOICECODE 237111300110

发票号码 INVOICE No 02186899

机打票号 PRINTING No 00820021

机器编码 RECEIVER No 531030116517

收款单位 PAYEE 日照古月清风餐饮有限公司

税务登记号 TAX REGISTERY No 37110205258283x

开票日期 DATEISSUED 2014-01-12 收款员 RECEIVED BY 02号

付款单位(个人) PAYER 日照泽瑞[illegible]有限责任公司

经营项目 ITEMS OF BUSINESS	金额 AMOUNT CHARGED
餐费	970.00

合计(小写) TOTAL IN FIGURES ￥970.00

合计(大写) TOTAL IN CAPITALS 玖佰柒拾元整

税控码 ANTI-FORGERY CODE 1277 0371 6139 2163 7814

奖区 AWARD AREA [redacted] 密码 PASSWORD [redacted]

发票代码 INVOICECODE 237011300100

发票号码 INVOICE No 00826586

支出审批单

业务12-2

2014 年 1 月 12 日

支出内容	招待华清纺织厂来访			
金额合计（大写）	玖佰柒拾元整 ￥970.00			
财务审批金额（大写）	玖佰柒拾元整 ￥970.00			
领款人	经办人	批准人		
	李鑫	部门领导：孙鹏	分管领导：孙彬	总经理：李天昊

现金付讫

报销单位：办公室　　财务审核人：赵卿　　财务主管：马娟

【业务13】

业务13-1

收　据（代收款凭证）

NO 0010261

入账日期：2014 年 01 月 13 日

缴款单位：李娟　　收款方式：现金

人民币（大写）：柒佰陆拾元整　　¥760.00

收款事由：收回垫付水电费

现金收讫

科目	一级	二级或明细
借方		
贷方		

财会主管：马娟　记账：　出纳：宋丽丽　审核：赵娜　经办：李娟

【业务14】

业务14-1

支出审批单

2014 年 1 月 14 日

支出内容	1月份工资			
金额合计（大写）	壹拾贰万壹仟伍佰捌拾伍元整　¥121,585.00			
财务审批金额（大写）	壹拾贰万壹仟伍佰捌拾伍元整　¥121,585.00			
领款人	经办人	批准人		
	董凯	部门领导：张琳	分管领导：孙聪	总经理：李天昊

银行付讫

报销单位：人力资源部　　财务审核人：赵娜　　财务主管：马娟

业务14-4

关于2014年1月工资发放的批示

尊敬的领导：

2014年1月员工工资发放计划已经做好，请批示！

附：工资结算汇总表

请李总批示!

马娟 2014/1/13

办公室

2014年1月13日

同意

李天晨 1/19

业务14-2

工资结算汇总表

编制单位：日照泽瑞服饰有限责任公司　　2014年01月　　单位：元

部门	人员类别	基本工资	绩效工资	应付工资	养老保险	医疗保险	失业保险	住房公积金	个税	代垫款	扣款合计	实发合计
办公室	管理人员	19 400.00	5 200.00	24 600.00	1 840.00	460.00	115.00	2 760.00	365.00		5 540.00	19 060.00
财务部	管理人员	11 600.00	3 400.00	15 000.00	1 120.00	280.00	70.00	1 680.00	210.00		3 360.00	11 640.00
采购部	采购人员	9 500.00	3 200.00	12 700.00	960.00	240.00	60.00	1 440.00			2 700.00	10 000.00
生产部	生产工人—西装	18 000.00	4 000.00	22 000.00	1 600.00	400.00	100.00	2 400.00			4 500.00	17 500.00
	生产工人—风衣	9 000.00	2 000.00	11 000.00	800.00	200.00	50.00	1 200.00			2 250.00	8 750.00
		5 200.00	1 400.00	6 600.00	480.00	120.00	30.00	720.00			1 350.00	5 250.00
销售部	销售人员	32 000.00	31 500.00	63 500.00	4 960.00	1 240.00	310.00	7 440.00	165.00		14 115.00	49 385.00
合计		104 700.00	50 700.00	155 400.00	11 760.00	2 940.00	735.00	17 640.00	740.00	0.00	33 815.00	121 585.00

制表人：张翔　　审核：赵娜　　财务经理：马娟

中国建设银行 China Construction Bank

中国建设银行单位客户专用回单

业务14-3

币别：人民币　　2014年01月14日　　流水号：370718808025470006914

付款人	全　称	日照泽瑞服饰有限责任公司	收款人	全　称	待转代发业务款项——日照泽瑞服饰
	账　号	37001729901050124656		账　号	37001800901347225373
	开户行	中国建设银行日照分行营业部营业室		开户行	
金　额	(大写) 人民币壹拾贰万壹仟伍佰捌拾伍元整			(小写) ¥121585.00	
凭证种类	电子转账凭证		凭证号码	WY880156	
结算方式	转账		用　途	发放工资	
			打印柜员：370718021540 打印机构：日照分营业部营业室 打印卡号：07000003251?487		

（借方回单）

本回单可通过网点自助设备或建行网站校验真伪

电子回单专用章

打印时间：2014-01-14 15:33:10　　交易柜员：C11C11100008K02　　交易机构：370718808

【业务15】

ICBC 中国工商银行

业务15-1

收费凭条（回单联）

2014 年 01 月 16 日

付款人名称	日照泽瑞服饰有限公司			付款人账号	1616020012090501073								
服务项目（凭证种类）	数量	凭证号码	工本费	手续费	小计								
					百	十	万	千	百	十	元	角	分
现金支票		0134001-0134050	72.00	3.00					¥	7	5	0	0
转账支票		0157451-0157500	72.00	3.00					¥	7	5	0	0
金额币种（大写）人民币壹佰伍拾元整								¥	1	5	0	0	0
以下在购买凭证时填写													
领购人姓名	中国工商银行日照石臼支行 2014.01.16 转讫		领购人证件类型		身份证								
			领购人证件号码										

【业务 16】

业务16-1

南通春蘭紡織有限責任公司 NO.0271001

收货单位：日照泽瑞服饰有限责任公司 **销货单** 时间：2014 年01 月17 日

产品名称	单位	单价	数量	备注	金额 百	十	万	千	百	十	元	角	分
化纤面料	米	140.00	100				1	4	0	0	0	0	0
里 料	米	50.00	300				1	5	0	0	0	0	0
						¥	2	9	0	0	0	0	0
合计人民币（大写）：贰万玖仟元整													

客户联

送货单位主管 陆林 制票 杨丽 送货人 李坤 收货单位（人）何海

江苏增值税专用发票

发票联

370110584 NO 56002456 业务16-2

开票日期 2014年01月16日

购货单位	名称：日照泽瑞服饰有限责任公司 纳税人识别号：372500045578120 地址、电话：日照市威海路116号 0633-8172003 开户行及账号：中国建设银行日照分行37001729901050124656	密码区	21002>30-61★254<>251*21+1 <6+05>381526>1>97-230*+1254 ->>4512★★/419 215<>021*240 -/70<★450>0+38264-?90020215

货物或应税劳务名称	规格型号	单位	数量	单价	金额	税率	税额
化纤面料		米	100	140.00	14000.00	17%	2380.00
里料		米	50	300.00	15000.00	17%	2550.00
合 计					¥29000.00		¥4930.00
价税合计（大写）	⊗叁万叁仟玖佰叁拾元整				（小写）¥33930.00		

销货单位	名称：南通春兰纺织有限公司 纳税人识别号：370000235481221 地址、电话：江苏省南通市观音山镇 开户行及账号：中国建设银行南通分行37005966341050001247	南通春兰纺织有限公司 370000235481221 发票专用章

收款人：张峰 复核：胡梅 开票人：张峰 开票单位（章）

国税函（2012）579号 中钞光华印刷有限公司

第三联：发票联 购货方记账凭证

江苏增值税专用发票

3701105841　　抵扣联　　NO 56002456　　业务16-3

开票日期　2014年01月16日

购货单位	名　　称：日照泽瑞服饰有限责任公司 纳税人识别号：372500045578120 地址、电话：日照市威海路116号 0633-8172003 开户行及账号：中国建设银行日照分行37001729901050124656			密码区	21002>30-61＊254<>251*21+1 <6+05>381526>1>97-230*+1254 ->>4512＊＊/419 215<>021*240 -/70<＊450>0+38264-?90020215		
货物或应税劳务名称	规格型号	单位	数量	单价	金额	税率	税额
化纤面料		米	100	140.00	14000.00	17%	2380.00
里料		米	50	300.00	15000.00	17%	2550.00
合　计					¥29000.00		¥4930.00
价税合计（大写）	¤叁万叁仟玖佰叁拾元整				（小写）¥33930.00		
销货单位	名　　称：南通春兰纺织有限公司 纳税人识别号：370000235481221 地址、电话：江苏省南通市观音山镇 开户行及账号：中国建设银行南通分行37005966341050001247				备注		

收款人：张华　　复核：胡梅　　开票人：张华　　开票单位（章）

国税函（2012）579号 中钞光华印刷有限公司

第二联：抵扣联 购货方扣税凭证

业务16-4　**日照泽瑞服饰有限责任公司 入库单**　N0.02014002

供应商：南通春兰纺织有限责任公司　　验收部门：仓库　　入库日期：2014 年01 月16 日

编号	品名	单位	交库数量	实收数量	单价	金额
14001	化纤面料	米	100	100		
14003	里料	米	300	300		
	合计					
合计人民币（大写）：						

送货 李坤　　仓库 何海　　财务 赵娜　　审核 何海

第三联记账

操作提示：请根据题干补充填写完整入库单信息，并根据其编制采购记账凭证。

业务16-5

货物运输业增值税专用发票

NO 00236001

发票联

开票日期：2014年01月16日

承运人及纳税人识别号	江苏金达利运输有限公司 372405696141467	密码区	0543146/8/9160>>898-42890/0>96*<006+-0-31++445980+<9>-41*+-22<628>*<81>6413457>*698+**-/77/968<55*315>7-+-4<0715>78059259>42+5354-/11//*008/>>68228/5
实际受票方及纳税人识别号	日照泽瑞服饰有限公司 372500045578120		
收货人及纳税人识别号	日照泽瑞服饰有限责任公司 372500045578120	发货人及纳税人识别号	南通春兰纺织有限公司 370000235481221
起运地、经由、到达地	山东省日照市		

费用项目及金额				运输货物信息
费用项目	金额	费用项目	金额	货物名称： 化纤面料：100斤 里料：50斤
运费	600.00			

金额合计	￥600.00	税率	11%	税额	￥66	机器编码	265871104
价税合计(大写)	陆佰陆拾陆元整				（小写）￥666.00		
车种车号	苏FG0258	车船吨位	5吨	备注	江苏金达利运输有限公司 372405696141467 发票专用章		
主管税务机关及代码	江苏省南通市开发区国家税务局税政科 12800345870						

收款人：张笑梅　　复核人：张笑梅　　开票人：张笑梅　　承运人（章）：

操作提示：自2013年8月1日起，交通运输业（铁路运输自2014年1月1日起）全国范围内营业税改纳增值税，一般纳税人税率为11%，小规模纳税人税率3%，企业取得的货物运输业增值税专用发票，认证通过后可抵扣销项税额。本题中请根据重量分摊运费。

【业务17】

业务17-1

山东省社会保险基金专用票据

流水号：单位编号：371102150024　流水号：000210　　2014年 01月17日　　№ 60667982540

缴款人：日照泽瑞服饰有限责任公司　　经济类型：企业　　校验码：

收费项目	起始年月	终止年月	人数	单位缴纳（元）	个人缴纳额（元）	滞纳金（元）	利息（元）	合计（元）
基本养老保险费	201401	201401		29400.00	11760.00	0.00		41160.00
基本医疗保险费	201401	201401		11760.00	2940.00	0.00		14700.00
失业保险费	201401	201401		1470.00	735.00	0.00		2205.00
工伤保险费	201401	201401		1470.00	0.00			1470.00
生育保险费	201401	201401		1470.00	0.00	0.[illegible]		1470.00
								61005.00
金额合计（大写）	陆万壹仟零伍元整					（小写）：￥61005.00		

收款单位（盖章）　　财务复核人：　　业务复核人：　　经办人：孙长胜

（印章：中国工商银行日照石臼支行 2014.01.18 业务专用章）

住房公积金汇缴专用凭证　　No 102088　　业务17-2

日期：2014年01月18日　　凭证号：10225800147

缴款单位	单位名称	日照市泽瑞服饰有限公司		收款单位	单位名称	日照市住房公积金管理中心	
	单位账号	370017290105014656			公积金账号	37001712208059000002	
	开户银行	中国建设银行日照分行			开户银行	建行市中支行	
缴款类型	☑汇缴　□补缴			补缴原因			
缴款人数	106	缴款时间	2014年01月至2014年01月			月数	1
缴款方式	□现金　☑转账					百十万千百十元角分	
金额（大写）	人民币叁万伍仟贰佰捌拾元整					¥3528000	
上次汇缴		本次增加汇缴		本次减少汇缴		本次汇（补）缴	
人数	金额	人数	金额	人数	金额	人数	金额
106	¥35280.00	0	¥0.00	0	¥0.00	106	¥35280.00
单位联系人	李娜	联系电话	8172003	经办人	林丹	复核人	林丹

第一联：缴交单位联

打印日期：2014年01月18日

【业务 18】

中国红十字会接受捐赠专用收据　　业务18-1

DONATION RECEIPT OF RED CROSS SOCIETY OF CHINA

2014 年 01 月 19 日
Y　M　D　　NO 00020167
国财 2001053　　支票号 Cheque NO

捐赠者 Donor：日照泽瑞服饰有限责任公司

捐赠项目 Purpose：捐款

捐赠金额（实物价值）大写 Total Amount in Words：叁万元整

小写 Total Amount：¥30000.00

货币种类 Currency

山东省红十字会接受捐赠(转赠)财务专用章

收款单位（签章）Receiver's Seal　　经手人 Handling Person：王娜

财政部监制（2001）穆德公司印制　　第二联　收据

业务18-2

支出审批单

2014 年 1 月 19 日

支出内容	捐赠灾区		
金额合计（大写）	叁万元整　　¥30000.00		
财务审批金额（大写）	叁万元整　　¥30000.00		
领款人	经办人	批准人	
	王刚	部门领导：孙鹏　分管领导：孙聪	总经理：李天昊

申请单位：办公室　　财务审核人：赵娜　　财务主管：马娟

银行付讫

业务18-3

中国建设银行
转账支票存根
10503720
06855217

附加信息

出票日期 2014年 01月 19日

收款人：山东红十字会

金 额 ¥30000.00

用 途 捐赠灾区

单位主管　　会计

中国建设银行　转账支票　10503720 06855217

出票日期（大写）贰零壹肆年 零壹 月 壹拾玖 日　　付款行名称：建行日照分行营业部0501

收款人 山东省红十字会　　出票人账号：37001729901050124656

付款期限自出票之日起十天

人民币（大写）	叁万元整	亿	千	百	十	万	千	百	十	元	角	分
				¥	3	0	0	0	0	0	0	

用途 捐赠灾区　　密码 132-0052-2157-0323

上列款项请从　　行号 105451000016　密码支票

我账户内支付

出票人签章　日照泽瑞服饰有限公司 财务专业章　　李天昊印

复核　　记账

【业务19】

业务19-1

日照泽瑞服饰有限责任公司 领料单 N0.00014002

领料部门：生产车间　　2014 年01 月20 日　　仓库：材料库

编号	品名	单位	请领数量	实领数量	单价	金额
14001	化纤面料	米	200	200		
14002	毛呢面料	米	100	100		
14003	里料	米	300	300		
用途：生产女式风衣						

第三联会计联

仓库负责人 陈庚　　发料 何海　　领料 李丽

操作提示：会计人员根据领料单只登记原材料明细账的贷方数量和结存数量，不登记金额。

【业务20】

山东省国家税务局通用机打发票　　业务20-1

发票联

密码 [redacted]

发票代码：137111420031
发票号码：00078658

开票日期：2014-01-20　　行业分类：商业　　00078658

客户名称：日照泽瑞服饰有限责任公司
客户代码：
地址：威海路116号
银行及账号

税控码：L101 AB8G 7409 0220 3546

品名及名称	规格	单位	数量	单价	金额	备注
办公家具		宗	1	3920.00	3920.00	

合计人民币（大写）¤叁仟玖佰贰拾元整

纳税人名称：日照东港区晟博家具店
纳税人识别号：372802196911065401

填票人：纪清　　收款人：徐燕

注：开具金额超过十万元无效

第一联 发票联（购货方付款凭证）（手开无效）

鲁国税印发票字（2014）00048号50万份210×139.7×1
"山东多利达印务有限公司2013年11月印"

业务20-2

支出审批单

2014 年 1 月 20 日

支出内容	购入日照东港区晟博家具店办公家具		
金额合计（大写）	叁仟玖佰贰拾元整 ￥3,920.00		
财务审批金额（大写）	叁仟玖佰贰拾元整 ￥3,920.00		
领款人	经办人	批准人	
	谢娜	部门领导：郑洪文	分管领导：孙聪	总经理：李天昊

银行付讫

申请单位：销售部 财务审核人：赵娜 财务主管：马娟

业务20-3

中国建设银行 China Construction Bank

中国建设银行单位客户专用回单

币别：人民币 2014年01月20日 流水号：3707188081H6AUT4VJ9

付款人	全称	日照泽瑞服饰有限责任公司	收款人	全称	日照市东港区晟博家具店
	账号	37001729901050124656		账号	81010030142100085247
	开户行	中国建设银行日照分行营业部营业室		开户行	日照银行股份有限公司东港区分行
金额		（大写）人民币叁仟玖佰贰拾元整			（小写）￥3920.00
凭证种类		电子转账凭证	凭证号码		0714000004900
结算方式		转账	用途		办公家具款
			打印柜员：37071800020 打印机构：日照分营业部营业室 打印卡号：0700000350990		

中国建设银行 电子回单 专用章

（借方回单）

本回单可通过网点自助设备或建行网站校验真伪

打印时间：2014-01-20 15:55:24 交易柜员：C08000000010 交易机构：370718808

固定资产验收单

业务20-4

编制单位：日照泽瑞服饰有限责任公司　　　　2014年01月20日

固定资产名称	办公家具	规格型号	UT008	单位	套	数量	1
买价	3920.00	运杂费		安装费		总金额	3920.00
生产单位	北京诚信办公家具有限公司						
销售单位	日照东港区晟博家具店						
随机资料	略						
外观情况	完整						
安装单位	日照东港区晟博家具店						
安装日期	2014-01-20						
安装完成日期	2014-01-20						
验收结论	合格						

验收单位负责人：田林　　验收人：李鑫　　采购人：孙蕾

（印章：日照泽瑞服饰有限责任公司）

【业务21】

日照泽瑞服饰有限责任公司电费分配表

业务21-1

2014年1月

使用部门		本月耗电量	单价(元)	金额(元)	备注
生产车间	西装生产	2035.00	0.8283	1685.59	
	风衣生产	1724.50	0.8283	1428.40	
	一般耗用	1010.00	0.8283	836.58	
办公室		589.40	0.8283	488.20	
财务处		548.20	0.8283	454.07	
采购部		457.63	0.8283	379.05	
销售部		420.25	0.8283	348.09	
合　计		6784.98		5620.00	

制表：林琳　　复核：赵娜

业务21-2

支出审批单

2014 年 1 月 20 日

支出内容	支付电费			
金额合计（大写）	陆仟伍佰柒拾伍元肆角整　　¥6,575.40			
财务审批金额（大写）	陆仟伍佰柒拾伍元肆角整　　¥6,575.40			
领款人	经办人	批准人		
	李鑫	部门领导：孙鹏	分管领导：孙聪	总经理：李天昊

银行付讫

申请单位：办公室　　财务审核人：赵娜　　财务主管：马娟

业务21-3

山东增值税专用发票

3700122017　　发票联　　NO 47001237

开票日期 2014年01月20日

购货单位	名　　称：日照泽瑞服饰有限责任公司 纳税人识别号：372500045578120 地址、电话：日照市威海路116号 0633-8172003 开户行及账号：中国建设银行日照分行37001729901050124656	密码区	123332>30-61＊<>002*1254+10 <6+05>38526>1>97-23<00>>25 ->>4512＊254＊>>/419+/02158 -/014<*+2548<>236*+?90025884

货物或应税劳务名称	规格型号	单位	数量	单价	金额	税率	税额
电费		kwh	6784.98	0.8283	5620.00	17%	955.40
合　　计					¥5620.00		¥955.40
价税合计（大写）	⊗陆仟伍佰柒拾伍元肆角整				（小写）	¥6575.40	

销货单位	名　　称：日照市供电公司 纳税人识别号：370022547780014 地址、电话：日照市烟台路南首 开户行及账号：中国建设银行新玛特分行37005963412258774110	备注	

收款人：宋梅　　复核：丁艳　　开票人：宋梅　　销货单位（章）

日照市供电公司 370200231255417 发票专用章

国税函（2012）579号 西安印钞有限公司

第三联：发票联 购货方记账凭证

中国建设银行 China Construction Bank

中国建设银行单位客户专用回单　　业务21-4

币别：人民币　　2014年01月20日　　流水号：370718808 1B6AUT4VJ9

付款人	全　称	日照泽瑞服饰有限责任公司	收款人	全　称	日照市供电公司
	账　号	37001729901050124656		账　号	37005963412258774110
	开户行	中国建设银行日照分行营业部营业室		开户行	中国建设银行新玛特分行
金　额		(大写)人民币陆仟伍佰柒拾伍元肆角整		(小写)	¥6575.40
凭证种类		电子转账凭证		凭证号码	0214000012870
结算方式		转账		用　途	支付电费

打印柜员：37070021500
打印机构：日照分营业部营业室
打印卡号：0100000310240

(印章：中国建设银行 电子回单 专用章)

打印时间：2014-01-21 10:14:22　　交易柜员：C08000000007　　交易机构：370718808

本回单可通过网点自助设备或建行网站校验真伪
(借方回单)

注：增值税专用发票抵扣联略

【业务22】

业务22-1

山东省高速公路通行专用票据

NO 109094031825
校验码

入　口	海湾大桥	出　口	日照港
收费员	288	收费员	052
车　型	1客 玖十伍元	金额	95
时　间	2014年01月19日	收款单位（盖章）	

偿还贷款　　报销凭证

112印制　印制业务单　2014-Y-10010

业务22-1

山东省高速公路通行专用票据

NO 109094031825
校验码

入　口	海湾大桥	出　口	日照港
收费员	288	收费员	052
车　型	1客 玖十伍元	金额	95
时　间	2014年01月19日	收款单位（盖章）	

偿还贷款　　报销凭证

112印制　印制业务单　2014-Y-10010

业务22-1

青岛市地方税务局高速公路通行费专用发票

发票代码 2370712161024
发票号码 2823610

入　口	大场	出　口	海湾大桥
收费员	049	收费员	015
车　型	1客 捌拾元	金额	80
时　间	2014年01月20日 06时00分		

(印章：370206794026156 发票专用章)

业务22-1

青岛市地方税务局高速公路通行费专用发票

发票代码 2370712166101
发票号码 2823177

入　口	日照	出　口	海湾大桥
收费员	120	收费员	039
车　型	1客 捌拾元	金额	80
时　间	2014年01月19日 09时42分		

(印章：370206794026156 发票专用章)

业务22-2

青岛市地方税务局通用机打发票

发　票　联

发票代码 237021402315
发票号码 00678310

入场时间 2014年07月19日09时57分32秒

出场时间 2014年07月19日10时35分54秒

停车时间 0天0时38分22秒

收费金额伍元整

¥5.00

收费(901)

370224111125487
发票专用章
12-000539771

支出审批单

业务22-3

2014 年 1 月 20 日

支出内容	报销过路费、停车费			
金额合计（大写）	叁佰伍拾伍元整　　¥355.00			
财务审批金额（大写）	叁佰伍拾伍元整　　¥355.00			
领款人	经办人	批准人		
	王刚	部门领导：孙鹏	分管领导：孙彩	总经理：李天昊

现金付讫

申请单位：办公室　　财务审核人：赵卿　　财务主管：马娟

【业务23】

业务23-1

山东增值税专用发票

37110130140　　　　发票联　　　　NO 01125025

开票日期 2014年01月24日

购货单位		密码区	
名称	济南银座商贸有限公司		>96-<>68/*433672>/183>>8*3/
纳税人识别号	3721236100073894		2584+54>6-39+78<222455><2
地址、电话	泺源大街22号中银大厦20层 0531-86961028		>>-418>1-5875846/365*>254>1
开户行及账号	中国建设银行济南分 37163400001801001237		45-8<2<1*///0+125<2148365847+

货物或应税劳务名称	规格型号	单位	数量	单价	金额	税率	税额
女式西装		套	60	2400.00	144000.00	17%	24480.00
女式风衣		件	30	2200.00	66000.00	17%	11220.00
合计					¥210000.00		¥35700.00
价税合计（大写）	贰拾肆万伍仟柒佰元整				（小写）¥245700.00		

销货单位		
名称	日照泽瑞服饰有限责任公司	合同号：[illegible]0015257
纳税人识别号	372500045578120	
地址、电话	日照市威海路116号 0633-8172003	
开户行及账号	中国建设银行日照分行37001729901050124656	

收款人：赵娜　　复核：赵娜　　开票人：张慧芳　　开票单位（章）

国税函（2012）579号 西安印钞有限公司

第一联：记账联 销货方记账凭证

业务23-2

日照泽瑞服饰有限责任公司

销货单

N0.0273102

收货单位：济南银座商贸有限公司

地址电话：泺源大街22号中银大厦20层 0531-86961028

时间：2014 年01 月24 日

产品名称	单位	单价	数量	备注	亿	千	百	十	万	千	百	十	元	角	分
女式西装	件	2400.00	60					1	4	4	0	0	0	0	0
女式风衣	件	2200.00	30						6	6	0	0	0	0	0
							¥	2	1	0	0	0	0	0	0
合计人民币（大写）：贰拾壹万元整															

会计联

销售经理 郑洪文　　经办人 朱兵　　仓保 王晓　　签收人 王辉

日照泽瑞服饰有限责任公司出库单　业务23-3

2014 年01 月 08 日　　NO.0273101

提货单位（部门）	销售部	发票号码或生产单号码		01125025	发出仓库	成品库	出库日期 01-24
货号	名称及规格	单位	数量 要货数	数量 发货数	单位成本	金额	备注
N01	女式西装	套	60	60			
N02	女式风衣	件	30	30			
合计							

第二联　记账联

财会部门主管 马娟　记账 严莉莉　保管部门主管 陈庚　发货 何海　单位部门主管 孙聪　制单 孙靖

操作提示：在本业务中，财务人员应根据业务 23－1 、业务 23－2 编制收入的记账凭证，由于企业存货采用月末一次加权平均法核算，因此只需根据出库单登记库存商品明细账的发出数量，待月底计算出单价后，再汇总编制已售产品成本结转的记账凭证，业务 23－3 作为成本结转的原始凭证，可暂不剪下。

【业务24】

日照澤瑞服飾有限責任公司
投资协议书

业务24-1

甲方（投资人）：山东海天有限责任公司

乙方（被投资人）：日照泽瑞服饰有限责任公司

根据中华人民共和国法律、法规的规定，双方本着互惠互利的原则，就甲乙双方合作投资 事宜，经过协商，达成一致协议如下：

一、委托事项

甲方以自己的名义出资400 000.00元委托乙方进行投资，占乙方投资份额的20%，获取乙方获取收益，乙方注册资本由800 000元变更至1 000 000元。

二、权利和义务

甲方必须把投资资金以及相关资料证明交给乙方，供其进行投资操作；甲方有权查询投资操作情况，但不得干涉投资操作，不得泄漏操作情况，不得随意抽撤资金，不允许自行进行投资操作，否则，由此造成的损失有甲方负责。

乙方对甲方账户全权管理，精心运作，自主操作并承担操作风险；对甲方账户资金有保本的责任。

三、结算方式

投资期限为五年，每年收取利息，甲方可按照投资份额的20%获取乙方的税后净利，乙方若发生亏损，甲方按20%比例承担亏损。

四、违约责任……

五、协议的变更和終止 ……

六、争议的解决 ……

七、协议期限

协议期限为五年，自2014年01月26日起至2019年01月25日止。

八、其他

本协议未尽事宜由双方共同协商一致后，另行签订补充协议。

本协议经双方当事人签字盖章后生效。本协议一式两份，双方各执一份。

甲方：山东海天有限责任公司　　　　乙方：日照泽瑞服饰有限责任公司

2014 年 01 月 26 日　　　　2014 年 01 月 26 日

业务24-2

日照泽瑞服饰有限责任公司
股东会决议

会议时间：……

会议地点：……

到会人员：……

全体股东经过充分讨论，一致通过以下决议：

一、因吸收山东海天有限责任公司为新股东，公司新股东会由日照兴海实业公司、日照万方服饰公司 、山东海天有限责任公司组成。

二、决定增加注册资本20万元，增加实收资本20万元，即公司的注册资本由80万增至100万元，实收资本从80万元增加至100万元。

三、增资后，各股东的出资额、出资方式及出资比例为：

1.日照兴海实业公司出资额为60万人民币，以货币形式出资，占注册资本的60%。

2.日照万方服饰公司出资额为20万人民币，以货币形式出资，占注册资本的20%。

3.山东海天有限责任公司出资额为40万人民币，以货币形式出资，占注册资本的20%。

四、本公司组织机构不变。

五、审议通过公司章程修正案。

股东签署……

日照泽瑞服饰有限责任公司

2014年01月24日

中国建设银行 China Construction Bank

进账单 （收账通知） 业务24-3

2014 年 01 月 26 日

出票人	全称	山东海天有限责任公司	收款人	全称	日照泽瑞服饰有限责任公司
	账号	370055698210533000127		账号	370017299010500124656
	开户银行	中国建设银行开发区支行		开户银行	中国建设银行日照分行
金额	人民币（大写）	肆拾万元整			¥40000000
票据种类	转账支票	票据张数 1			
票据号码	05231				
	复核 记账				收款人开户银行签章

中国建设银行日照分行 2014.01.26 转讫

此联是收款人开户银行交给收款人的收账通知

【业务25】

库存现金盘点报告表 业务25-1

单位名称：日照泽瑞服饰有限公司 2014年01月27日

实存金额	账面金额	对比结果		备注
		现金溢余	现金短缺	
7422.43	7417.93	4.50		

盘点人（签章）张琳 出纳（签章）宋丽丽

【业务 26】

业务26-1　**日照澤瑞服飾有限責任公司 入库单**　N0.02014003

供应商：滕州三晶纺织有限公司　　验收部门：材料库　　入库日期：2014 年01 月27 日

编号	品名	单位	交库数量	实收数量	单价	金额
14002	毛呢面料	米	100	100	160.00	16000.00
	合计					¥16000.00
合计人民币（大写）：壹万陆仟元整						

第三联 记账

送货 赵嘉　　仓库 何海　　财务 赵娜　　审核 何海

操作提示：该批材料发票已经于去年收到。

【业务 27】

业务27-1

现金长款处理意见

本月27日盘点的现金账面余额为7417.93，实际盘点金额为7422.43，现金长款4.50，因无法查明原因，经批准作为公司的"营业外收入"入账。

批准人：[illegible] 李天昊

日 期 2014年01月29日

财务专业章

【业务 28】

原始凭证见业务 14。

【业务29】

业务29-1

日照泽瑞服饰有限责任公司

社保公积计算分配表（企业负担）

2014年01月　　单位：元

部门	人员类别	计提基数	社会保险					住房公积金（12%）	小计
			医疗保险（8%）	养老保险（20%）	失业保险（1%）	工伤保险（1%）	生育保险（1%）		
办公室	管理人员	23,000.00	1,840.00	4,600.00	230.00	230.00	230.00	2,760.00	9,890.00
财务部	管理人员	14,000.00	1,120.00	2,800.00	140.00	140.00	140.00	1,680.00	6,020.00
采购部	采购人员	12,000.00	960.00	2,400.00	120.00	120.00	120.00	1,440.00	5,160.00
生产部	生产西装	20,000.00	1,600.00	4,000.00	200.00	200.00	200.00	2,400.00	8,600.00
	生产风衣	10,000.00	800.00	2,000.00	100.00	100.00	100.00	1,200.00	4,300.00
	车间管理	6,000.00	480.00	1,200.00	60.00	60.00	60.00	720.00	2,580.00
销售部	销售人员	62,000.00	4,960.00	12,400.00	620.00	620.00	620.00	7,440.00	26,660.00
合计		147,000.00	11,760.00	29,400.00	1,470.00	1,470.00	1,470.00	17,640.00	63,210.00

制表：林琳　　复核：赵[illegible]

【业务30】

业务30-1

日照泽瑞服饰有限责任公司

社保公积计算分配表（个人负担）

2014年01月　　单位：元

部门	人员类别	计提基数	社会保险			住房公积金（12%）	小计
			医疗保险（2%）	养老保险（8%）	失业保险（0.5%）		
办公室	管理人员	23,000.00	460.00	1,840.00	115.00	2,760.00	5,175.00
财务部	管理人员	14,000.00	280.00	1,120.00	70.00	1,680.00	3,150.00
采购部	采购人员	12,000.00	240.00	960.00	60.00	1,440.00	2,700.00
生产部	生产西装	20,000.00	400.00	1,600.00	100.00	2,400.00	4,500.00
	生产风衣	10,000.00	200.00	800.00	50.00	1,200.00	2,250.00
	车间管理	6,000.00	120.00	480.00	30.00	720.00	1,350.00
销售部	销售人员	62,000.00	1,240.00	4,960.00	310.00	7,440.00	13,950.00
合计		147,000.00	2,940.00	11,760.00	735.00	17,640.00	33,075.00

制表：林琳　　复核：赵[illegible]

操作提示：个人负担的公积金和社会保险，由企业向员工发放工资时代扣代缴，后期与企业所负担的公积和社保保险合并上缴。因此该数据与工资业务14所附的工资结算表中的代扣数据相一致，企业可使用“其他应付款”进行核算。

【业务31】

原凭参见业务14。

【业务32】

日照泽瑞服饰有限责任公司　　业务32-1

固定资产折旧计提表

2014年01月　　单位：元

使用部门	资产类别	月初计提折旧资产原值	月折旧率	本月折旧
管理部门	房屋建筑	658,000.00	0.4%	2632.00
	机器设备	0.00	0.8%	0.00
	其他设备	452,000.00	1.6%	7232.00
	小计	1,110,000.00		9864.00
生产部门	房屋建筑	1,030,000.00	0.4%	4120.00
	机器设备	1,424,000.00	0.8%	11392.00
	其他设备	123,000.00	1.6%	1968.00
	小计	2,577,000.00		17480.00
销售部门	房屋建筑	452,000.00	0.4%	1808.00
	机器设备	76,000.00	0.8%	608.00
	其他设备	268,000.00	1.6%	4288.00
	小计	796,000.00		6704.00
合计		4,483,000.00		34048.00

制表：林琳　　复核：赵娜

【业务33】

日照泽瑞服饰有限责任公司借款利息计算表　　业务33-1

2014-01-01至2014-1-31

借款类型	借款金额（元）	期限（月）	借入日期	到期日	年利率	月利息额	备注
经营周转借款	150,000.00	6	2013-9-1	2014-2-28	5.60%	700.00	
经营周转借款	100,000.00	9	2013-12-1	2014-8-31	6%	500.00	
合　计	250,000.00					1,200.00	

制表：林琳　　复核：赵娜

【业务34】

业务34-1

日照泽瑞服饰有限责任公司坏账准备计提表

2014年1月

项目	期末余额	计提比例	坏账准备			
			期末余额	期初余额	本期发生（转回）额	本期计提金额
应收账款						

制表：林琳　　复核：赵娜

【业务 35】

日照泽瑞服饰有限责任公司发料凭证汇总表　业务35-1

2014-01-01至 2014-1-31

发出材料		领料部门及用途				合计
		生产车间			销售部门	
		女式西装	女式风衣	一般耗用	对外销售	
化纤面料	数量					
	单价					
	金额					
毛呢面料	数量					
	单价					
	金额					
里料	数量					
	单价					
	金额					
缝纫线	数量					
	单价					
	金额					
扣子	数量					
	单价					
	金额					
合计						

制表：林琳　　　　复核：赵娟

操作提示：根据前面本月所有的领料单（或根据原材料明细账）汇总本月领料的数量，再根据月末一次加权平均法计算本月发出材料的单价，计算领料金额，并填制领料的记账凭证。领料单应附在该汇总原始凭证后面。

【业务 36】

日照泽瑞服饰有限责任公司制造费用分配表　业务36-1

2014-01　　　　单位：元

产品名称	工人工资（元）	待分配制造费用	分配率	分配金额
女式西装	22,000.00			
女式风衣	11,000.00			
合　计				

制表：林琳　　　　复核：赵娟

操作提示：请根据制造费用明细账查找本期制造费用的发生额计算分配率，分配率计算保留两位小数，计算女式风衣所分配的金额时采用倒挤法。

【业务37】

日照泽瑞服饰有限责任公司　　业务37-1

成本计算单

产品名称：女式风衣

项目	直接材料	直接人工	制造费用	合计
期初余额	54500.00	26700.00	20140.00	101340.00
本期发生	81848.40	15300.00	9236.58	106384.98
完工转出	54200.00	37080.00	13800.00	105080.00
月末余额	82148.40	4920.00	15576.58	102644.98

制表：林琳　　审核：史晔

日照泽瑞服饰有限责任公司　　业务37-2

成本计算单

产品名称：女式西装

项目	直接材料	直接人工	制造费用	合计
期初余额	73000.00	36400.00	24020.00	133420.00
本期发生	158826.59	30600.00	18260.00	207686.59
完工转出	147061.27	46900.00	23038.73	217000.00
月末余额	84765.32	20100.00	19241.27	124106.59

制表：林琳　　审核：史晔

操作提示：期初余额取自成本明细账的期初余额，本期发生额根据成本明细账的发生额进行填写，根据原凭业务 37－1 和业务 37－2 的完工转出，以红字填写本期的减少金额，同时成本账的完工转出金额合计（女式风衣的 105080.00 和女式西装的 217000.00）即为库存商品明细账的本期入库增加的总金额，根据入库单的金额和数量，登记库存商品明细账。

日照泽瑞服饰有限责任公司 入库单 业务37-3

验收部门：成品库 入库日期：2014 年01 月31 日

编号	品名	单位	交库数量	实收数量	单价	金额
001	女式西装	套	140	140	1550.00	217000.00
002	女式风衣	件	74	74	1420.00	105080.00
	合计					¥322080.00

合计人民币（大写）：叁拾贰万贰仟零捌拾元整

第三联记账

仓库 赵丹红 财务 赵娜 审核 赵丹红

【业务38】

业务38-1

日照泽瑞服饰有限责任公司销售产品成本计算表

2014-1-31

产品名称	单位	本月销售		
		数量	单位成本	金额
女式西装	套			
女式风衣	件			
合计				

制表：林琳 复核：赵娜

操作提示：根据前面所有的销售出库单汇总本月销售产品的数量，再根据月末一次加权平均法计算本月销售产品的单位成本，注意出库单应附在销售产品成本计算表后面作为原始凭证。

【业务39】

操作提示：无原始凭证，应根据“应交税费——应交增值税”的明细账查看本期应结转的增值税额。

【业务 40】

日照泽瑞服饰有限责任公司　　业务40-1

城建税教育费附加计算表

2014-01-01至2014-01-31　　单位：元

项　目	计 税 基 数			税率	应交税费
	增值税	营业税	消费税		
	1	2	3	4	5=（1+2+3）*4
城市建设维护税				7%	
教育费附加				3%	
制表：林琳					复核：赵娜
合　计					

制表：林琳　　复核：赵娜

【业务 41】

操作提示：根据账簿记录查询本期应结转的损益额，分别将收入类账户和费用类账户转入“本年利润”。

项目三　实训指导

3.1　期初建账

【3-1-1】:账簿启用

为了保证会计账簿记录的合法性和资料的完整性，明确记账责任，会计人员在启用账簿时，要填写账簿启用表(即“经管人员一览表”)。

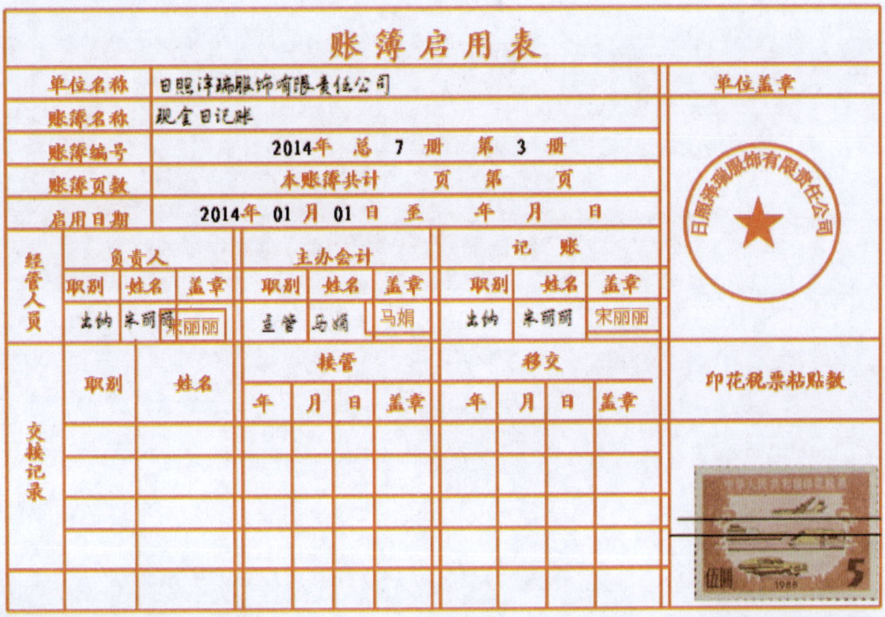

账簿启用表

单位名称	日照泽瑞服饰有限责任公司	单位盖章
账簿名称	现金日记账	
账簿编号	2014年 总 7 册 第 3 册	
账簿页数	本账簿共计　页 第　页	
启用日期	2014年 01 月 01 日 至　年　月　日	

经管人员	负责人			主办会计			记账		
	职别	姓名	盖章	职别	姓名	盖章	职别	姓名	盖章
	出纳	宋丽丽	宋丽丽	主管	马娟	马娟	出纳	宋丽丽	宋丽丽

交接记录	职别	姓名	接管				移交				印花税票粘贴处
			年	月	日	盖章	年	月	日	盖章	

账簿启用表的填写要求是：

1. 填写启用日期和启用账簿的起止页数。如启用的是订本式账簿，起止页数已经印好不需再填;启用活页式账簿，起止页数可等到装订成册时再填。

2. 填写记账人员姓名和会计主管人员姓名并加盖印章，以示慎重和负责。

3. 加盖单位财务公章或者公章，以示严肃。

4. 当记账人员或会计主管人员工作变动时，应办好账簿移交手续,并在启用表上明确记录交接日期及接办人、监交人的姓名，并加盖公章。

5. 账簿需贴印花税票，其中资金账簿需要根据资金的万分之五的税率贴花，而其他账簿按每册五元定额贴花，并划线注销。

【3－1－2】:现金日记账

2014年 月	日	凭证 种类	号数	摘要	对方科目	页	借方金额	√	贷方金额	√	借或贷	余额	√
01	01			上年结转								650600	

现金日记账

【3－1－3】:银行存款日记账——建行

2014年 月	日	凭证 种类	号数	摘要	对方科目	页	借方金额	√	贷方金额	√	借或贷	余额	√
01	01			上年结转								57389000	

银行存款日记账

银行存款日记账——工行

2014年 月	日	凭证 种类	号数	摘要	对方科目	页	借方金额	√	贷方金额	√	借或贷	余额	√
01	01			上年结转								7259650	

银行存款日记账

操作提示:企业如果有多个银行账户，应根据不同开户行分别建立银行存款日记账。

【3－1－4】:总分类账(以应收账款为例)

总分类账

编号：04　　会计　　记账　　总页：　　分页：

科目：应收账款

2014年 月	日	凭证号数	摘要	日页	借方(收入)	√	贷方(付出)	√	借或贷	余额	√
01	01		上年结转						借	45675000	

【3－1－5】:明细账——三栏式明细账

明细账

总号　　分页

会计科目：应收账款

明细科目：济南银座商贸有限公司

借贷出三栏式明细帐

2014年 月	日	记账凭证 类别	号数	摘要	对应科目	借方	贷方	借或贷	金额
01	01			上年结转				借	9235560

【3－1－6】:明细账——数量金额式明细账

原材料　明细账

编号　　总页　　分页

品名：化纤面料

规格：　　类别：主要材料　　最高存量　　最低存量　　计量单位：米　　存放地点：原材料库

2014年 月	日	凭证 种类	号数	摘要	收入(借方) 数量	单价	金额	付出(贷方) 数量	单价	金额	结存 数量	单价	金额
01	01			上年结转							800	150	12000000

【3－1－7】:明细账——固定资产明细账

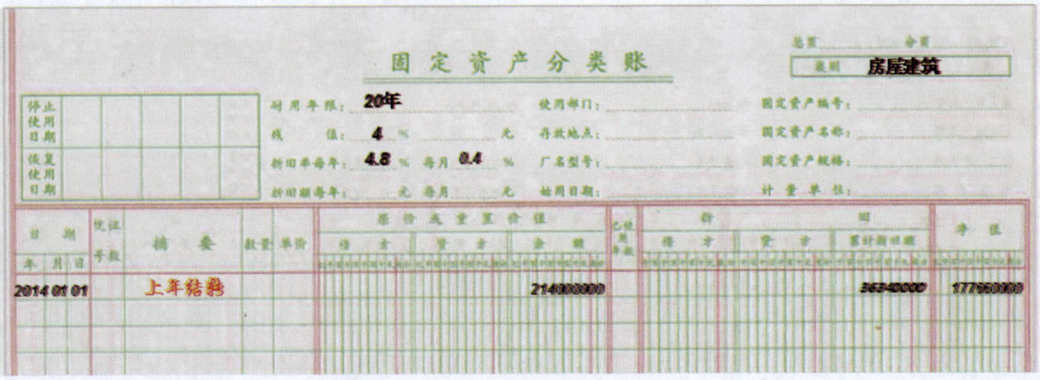

固定资产分类账

总页　　分页

类别　房屋建筑

停止使用日期

恢复使用日期

耐用年限：20年　　使用部门：　　固定资产编号：

残　　值：4 %　　元　　存放地点：　　固定资产名称：

折旧率每年：4.8 %　每月 0.4 %　　厂名型号：　　固定资产规格：

折旧额每年：　元　每月　元　　始用日期：　　计量单位：

日期 年 月 日	凭证号数	摘要	数量	单价	原价或重置价值 借方	原价或重置价值 贷方	原价或重置价值 余额	已使用年数	折旧 借方	折旧 贷方	折旧 累计折旧额	净值
2014 01 01		上年结转					214000000				36340000	177660000

操作提示：本实训按照固定资产的类别来建立的明细账。

【3－1－8】:明细账——生产成本明细账(女式西装)

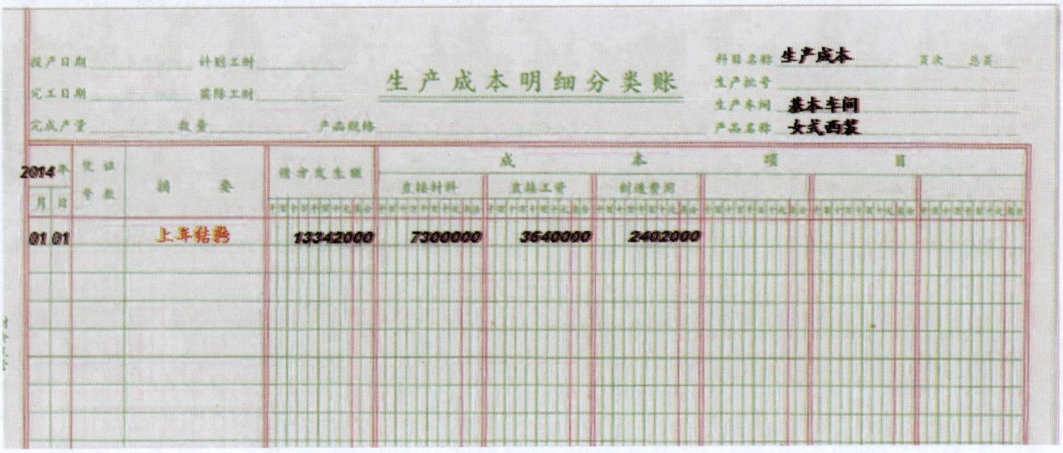

生产成本明细分类账

投产日期　　计划工时　　科目名称　生产成本　　页次　总页

完工日期　　实际工时　　生产批号

完成产量　　数量　　产品规格　　生产车间　基本车间

产品名称　女式西装

2014年 月 日	凭证号数	摘要	借方发生额	成本项目 直接材料	成本项目 直接工资	成本项目 制造费用			
01 01		上年结转	13342000	7300000	3640000	2402000			

3.2　编制凭证

【3－2－1】:以业务1为例演示一般凭证的编制方法

记账凭证

装订顺序编号

2014 年 01 月 01 日　　会字第 01 号

摘要	总账科目	明细科目	借方金额（千百十万千百十元角分）	贷方金额（千百十万千百十元角分）	记账页数
出差预借差旅费	其他应收款	王强	400000		
	库存现金			400000	
附件 1 张	合	计	¥400000	¥400000	

原始凭证附后作附件

财会主管　　复核　　记账　　出纳　　制单 王慧慧

【3－2－2】:以业务8为例说明较长分录的凭证填制方法

操作提示:本题目需要用两种凭证，注意凭证编号为 $8\frac{1}{2}$ 和 $8\frac{2}{2}$，且第一张凭证无需进行合计，具体如图。

记账凭证

装订顺序编号

2014 年 01 月 09 日　　会字第 $8\frac{1}{2}$ 号

摘要	总账科目	明细科目	借方金额（千百十万千百十元角分）	贷方金额（千百十万千百十元角分）	记账页数
缴纳税款	应交税费	未交增值税	365712		
		个人所得税	72550		
		城建税	25599		
		车船税	67400		
		教育费附加	10970		
附件 2 张	合	计			

原始凭证附后作附件

财会主管　　复核　　记账　　出纳　　制单 王慧慧

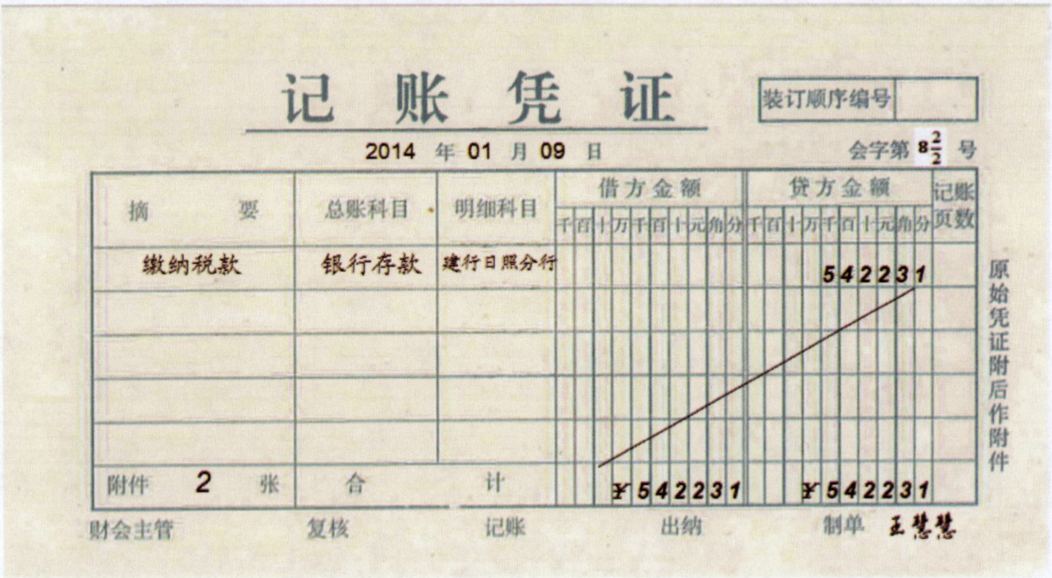

记 账 凭 证

装订顺序编号

2014 年 01 月 09 日　　会字第 8 $\frac{2}{2}$ 号

摘要	总账科目	明细科目	借方金额（千百十万千百十元角分）	贷方金额（千百十万千百十元角分）	记账页数
缴纳税款	银行存款	建行日照分行		542231	
附件 2 张	合	计	¥542231	¥542231	

原始凭证附后作附件

财会主管　　复核　　记账　　出纳　　制单 王慧慧

【3－2－3】：以业务9为例说明月末一次加权平均法下，领料、出库的处理。

本题不做账务处理，因为企业采用月末一次加权平均法核算发出存货成本，因此在原材料明细账簿登记发出材料的数量，不登记金额，待月底计算发出单价和金额后汇总填制领料的记账凭证。

3.3　登记账簿

【3－3－1】：日记账，三栏式明细账的账簿登记

以经济业务 1 为例。

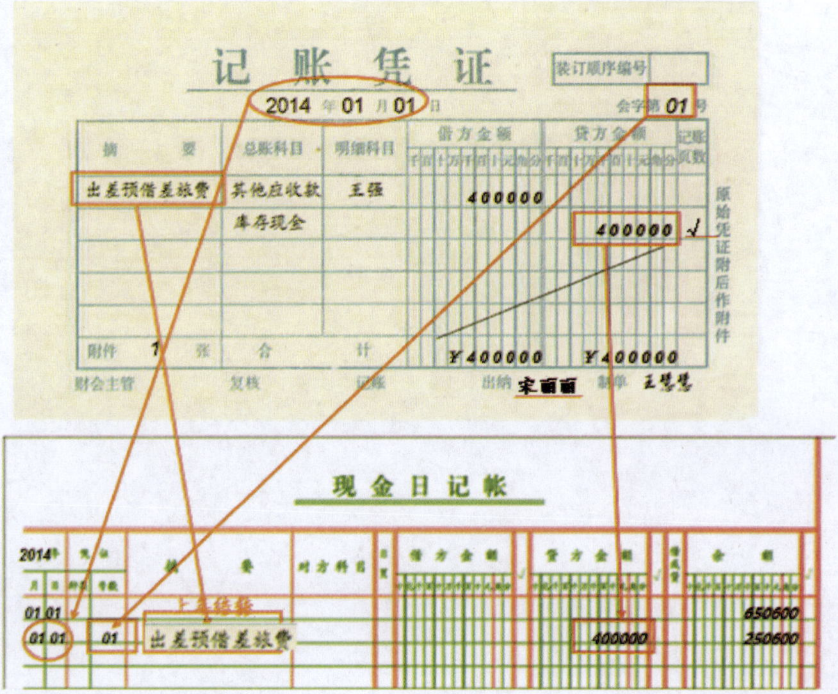

操作提示：账簿的时间、凭证号、摘要、方向、金额应全部按照凭证进行登记，对于包含现金和银行存款的凭证，登记完毕后应填写过账符号“√”，并在凭证下面进行出纳签字，而其他科目登记完毕后也应填写过账符号，并由登记账簿的财务人员在凭证最下面的“记账”处签字。

【3－3－2】：数量金额式明细账的登记

以业务 4、业务 16、业务 19 为例，说明月末一次加权平均法如何登记化纤材料的明细账。

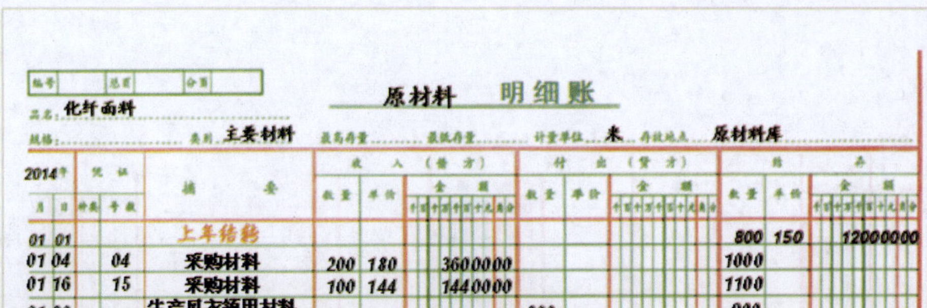

操作提示:月末一次加权平均法要求平时登记增加的数量、单价和金额，而发出和结存，只登记数量，不登记金额，且由于平时发出物资不做账务处理，因此平时无法登记凭证号码，待月末进行计算后，所有的领料单汇总编制凭证，再将该凭证的编号补充完整。

【3－3－3】:固定资产明细账的登记

以业务30为例说明固定资产明细账的登记方法。

固定资产分类账

类别：房屋建筑

耐用年限：20年　使用部门：　固定资产编号：

残值：4%　元　存放地点：　固定资产名称：

折旧率每年：4.8%　每月：0.4%　厂名型号：　固定资产规格：

折旧额每年　元　每月　元　启用日期：　计量单位：

日期 年月日	凭证号数	摘要	数量	单价	原价 借方	原价 贷方	原价 余额	已使用年限	折旧 借方	折旧 贷方	累计折旧额	净值
2014 01 01		上年结转					214000000				36340000	177660000
2014 01 31		计提折旧								856000	37196000	140464000

【3－3－4】:生产成本明细账的登记

以女士西装为例，说明生产成本明细账的登记方法。

生产成本明细分类账

科目名称：生产成本

生产车间：基本车间

产品名称：女式西装

2014年 月 日	凭证号数	摘要	借方发生额	成本项目 直接材料	成本项目 直接工资	成本项目 制造费用		
01 01		上年结转	13342000	7300000	3640000	2402000		
01 20	19	支付电费	168559	168559				
01 31	26	分配工资	2200000		2200000			
01 31	27	计提公积社保	860000		860000			
01 31	32	领料汇总	15714100	15714100				
01 31	33	分摊制造费用	1826000			1826000		
01 31	35	完工产品入库	21700000	14706127	4690000	2303873		

操作指导:生产成本明细账的登记方法和多栏式明细账相同，日常登记时应将发生额在借方发生额和成本项目明细同时登记，以记录所发生的成本归属于哪种成本项目，便于对企业产品所发生的成本进行进一步分析，产品完工入库时，会导致生产成本的减少，因账簿没有贷方发生额，因此用红字登记。期初余额加本期增加额，扣除完工入库金额，剩余的即为月末在产品的成本。

【3－3－5】:多栏式明细账的登记

以业务5、业务11为例，说明多栏式明细账的登记方法。

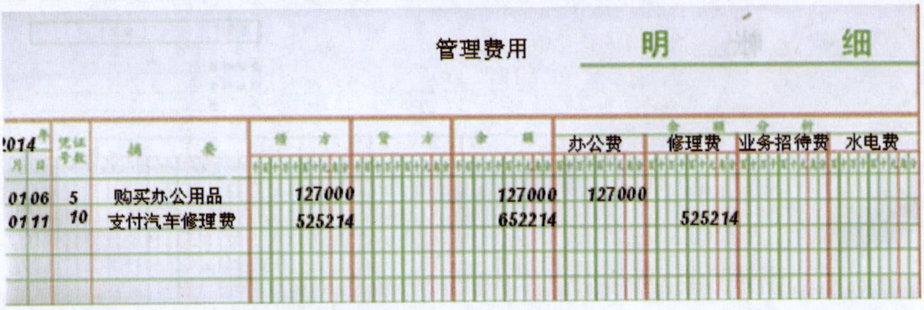
管理费用 明细

2014年 月	日	凭证号数	摘要	借方	贷方	余额	办公费	修理费	业务招待费	水电费
01	06	5	购买办公用品	127000		127000	127000			
01	11	10	支付汽车修理费	525214		652214		525214		

操作指导:多栏式明细账账页展开使用。

【3－3－6】:总分类账的登记

以前三笔经济业务为例，演示总分类账簿的登记方法。企业的前三笔经济业务分别为:

(1)借:其他应收款——王强　　4000 00

　　贷:库存现金　　4000 00

(2)借:库存现金　　5000 00

　　贷:银行存款——建行日照分行　　5000 00

(3)借:银行存款——建行日照分行　　70216 40

　　贷:应收账款——威海华联　　70216 40

第一步:将经济业务涉及账户的发生金额过入丁字账，并结出本期发生额合计

注意因为其目的是登记总分类账，因此只需要汇总总分类科目的发生额即可，所以在过入丁字账时，无需考虑明细。

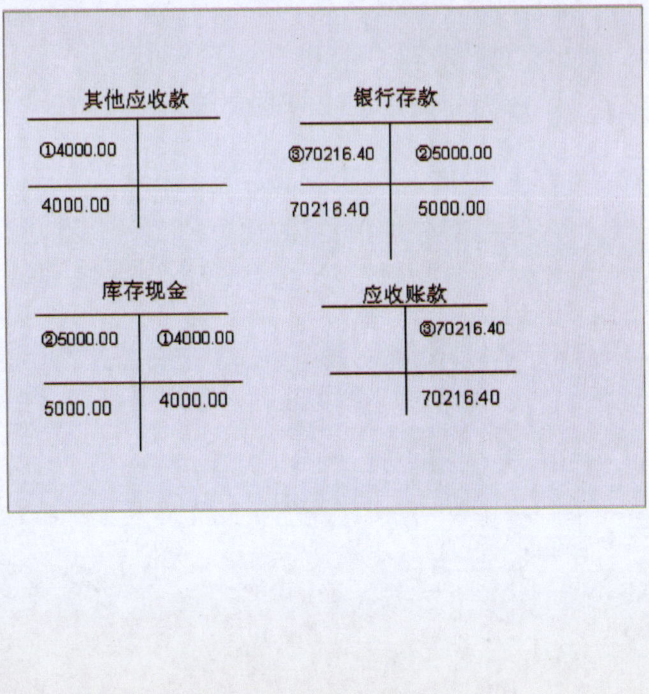

第二步：根据丁字账上账户发生额填制科目汇总表

科目汇总表

汇字第001号

2014年01月01日至03日　记账凭证：字第01号至第03号止

会计科目	记账✓	借方	贷方	会计科目	记账✓	借方	贷方
库存现金		500000	400000				
银行存款		7021640	500000				
应收账款			7021640				
其他应收账款		400000					
合计				合计			
				借贷方平衡总计		¥7921640	¥7921640

会计主管　记账　复核　编制

第三步：根据科目汇总表登记总分类账

以“应收账款”为例，演示总账的登记方法。

总分类帐

编号 04　　会计　记账　　总页　分页

科目 应收账款

2014年 月	日	凭证号数	摘要	日页	借方（收入）	✓	贷方（付出）	✓	借或贷	余额	✓
01	01		上年结转						借	45675000	
01	03	科汇001	01-03号凭证汇总				7021640		借	38653360	

3.4 对账结账

【3－4－1】:对账

按照《会计基础工作规范》的要求，应当定期将会计账簿记录的有关数字与库存实物、货币资金、有价证券往来单位或个人等进行相互核对，保证账证相符、账账相符、账实相符，对账工作每年至少进行一次，对账的主要内容包括：

(1)账证核对。核对会计账簿记录与原始凭证、记账凭证的时间、凭证字号、内容、金额是否一致，记账方向是否相符。

(2)账账核对。核对不同会计账簿记录是否相符，包括:总账有关账户的余额核对;总账与明细账核对;总账与日记账核对等。

(3)账实核对。核对会计账簿记录与财产等实有数额是否相符，包括:现金日记账账面余额与现金实际库存数核对;银行存款日记账账面余额与银行对账单核对;各种应收、应付款明细账账面余额与有关债务、债权单位或者个人核对等。

【3－4－2】:结账

以应收账款——济南银座商贸有限公司为例，说明如何进行月末结账。

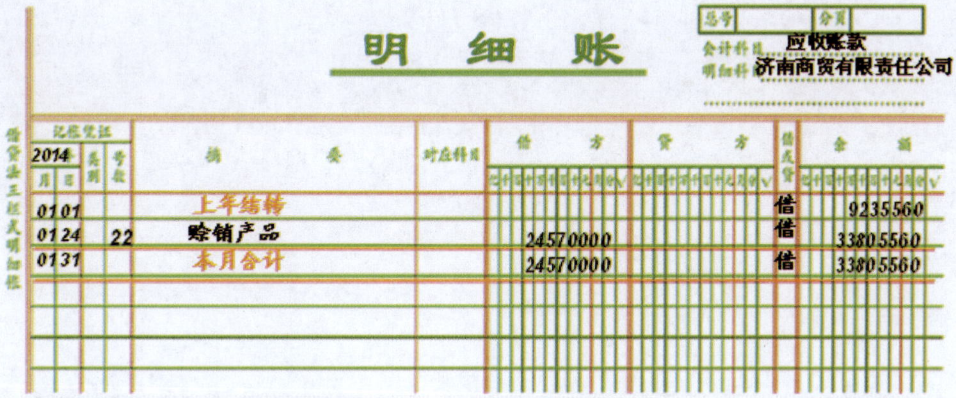
明细账

总号　分页

会计科目 应收账款

明细科目 济南商贸有限责任公司

2014 月	日	种类	号数	摘要	对应科目	借方	贷方	借或贷	余额
01	01			上年结转				借	9235560
01	24		22	赊销产品		24570000		借	33805560
01	31			本月合计		24570000		借	33805560

3.5 编制报表

【3－5－1】:利润表

利润表

编制单位　　　　　　　　　　　　　年　月　　　　　　　　　　　　单位:元

项目	行次	本期金额	本年累计
一、营业收入	1		
减:营业成本	2		
营业税金及附加	3		
销售费用	4		
管理费用	5		
财务费用	6		
资产减值损失	7		
加:公允价值变动损益(损失以“－”号填列)	8		
投资收益(损失以“－”号填列)	9		
其中:对联营企业和合营企业的投资收益	10		
二、营业利润(损失以“－”号填列)	11		
加:营业外收入	12		
减:营业外支出	13		
其中:非流动资产处置损失	14		
三、利润总额(损失以“－”号填列)	15		
减:所得税费用	16		
四、净利润(损失以“－”号填列)	17		
五、每股收益	18		
其中:基本每股收益			
稀释每股收益			

本表可根据损益结转分录及损益类明细账分析填写。

【3－5－2】:资产负债表

资产负债表

编制单位: 年 月 日 单位:元

资产	期初余额	期末余额	负债和所有者权益	期初余额	期末余额
流动资产:			流动负债:		
货币资金			短期借款		
应收票据			应付票据		
应收账款			应付账款		
预付款项			预收款项		
应收利息			应付职工薪酬		
应收股利			应交税费		
其他应收款			应付利息		
存货			应付股利		
一年内到期的非流动资产			其他应付款		
其他流动资产			一年内到期的非流动资产		
			其他流动负债		
流动资产合计	—	—	流动负债合计	—	—
非流动资产:			非流动负债:		
长期应收款			长期借款		
长期股权投资			应付债券		
固定资产			递延所得税负债		
在建工程			其他非流动负债		
工程物资			非流动负债合计		
固定资产清理			负债合计		
无形资产	—	—	所有者权益(或股东权益)	—	—
长期待摊费用			实收资本(或股本)—	—	
递延所得税资产	—	—	资本公积		
其他非流动资产			盈余公积		
非流动资产合计			未分配利润		
资产总计			所有者权益(或股东权益)合计		

资产负债表分报表项目根据总账、明细账进行直接、分析、汇总等方式的填写。

【3－5－3】:资产负债表与利润表的关系

资产负债表的“未分配利润”期末余额与期初余额之差等于同期间利润表的本年累计金额。

附：账簿登记参考

（1）管理费用明细账

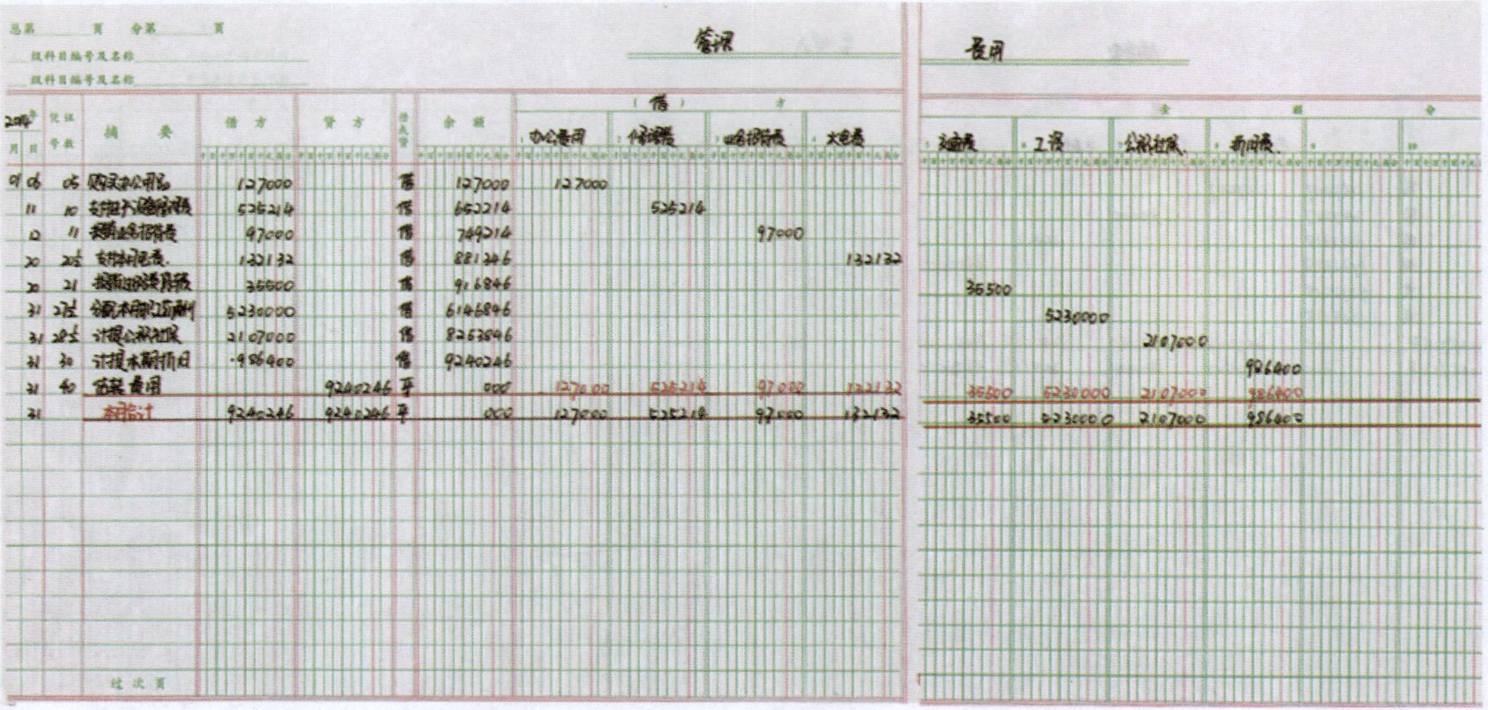

管理费用

2014年 月	日	凭证号数	摘要	借方	贷方	借或贷	余额	办公费用	修理费	业务招待费	水电费	差旅费	工资	公积社保	折旧费
9	06	05	购买办公用品	127000		借	127000	127000							
	11	10	支付[illegible]修理费	525214		借	652214		525214						
	12	11	报销业务招待费	97000		借	749214			97000					
	20	20	支付水电费	132132		借	881346				132132				
	20	21	报销[illegible]差旅费	35500		借	916846					36500			
	31	23	分配本月职工薪酬	5230000		借	6146846						5230000		
	31	28	计提公积社保	2107000		借	8253846							2107000	
	31	30	计提本月折旧	986400		借	9240246								986400
	31	40	结转费用		9240246	平	000	127000	525214	97000	132132	36500	5230000	2107000	986400
	31		本月合计	9240246	9240246	平	000	127000	525214	97000	132132	35500	5230000	2107000	986400

（2）销售费用明细账

总第____页 分第____页

一级科目编号及名称____

二级科目编号及名称____

销售费用

日	凭证号数	摘要	借方	贷方	借或贷	余额	差旅费	广告费	水电费	工资	公积社保	折旧费	7	8
07	06	报销销售差旅费	267507		借	267507	267507							
10	09	支付新产品广告费	80000		借	347507		80000						
20	25	支付水电费	34811		借	382318			34811					
31	27½	分配销售部职工薪酬	6350000		借	6732318				6350000				
31	28½	计提公积、社保	2660000		借	9392318					2660000			
31	30	计提本月折旧	670400		借	10068718						670400		
31	40	结转销售费用		10068718	平	000	267507	80000	34811	6350000	2660000	670400		
31		本月合计	10068718	10068718	平	000	267507	80000	34811	6350000	2660000	670400		
		过次页												

（2）销售费用明细账

总第____页 分第____页

一级科目编号及名称____

二级科目编号及名称 销售费用 甲

14年 日	凭证号数	摘要	借方	贷方	借或贷	余额	（借）方 1 差旅费	2 广告费	3 水电费	4 工资	5 公积、社保	6 折旧费	7	8
07	06	报销差旅费	267507		借	267507	267507							
10	09	支付广告费	80000		借	347507		80000						
20	20½	支付水电费	34811		借	382318			34811					
31	27½	分配本月职工薪酬	6350000		借	6732318				6350000				
31	28½	计提公积、社保	2660000		借	9392318					2660000			
31	30	计提本月折旧	670400		借	10068718						670400		
31	40	结转费用		10068718	平	000	267507	80000	34811	6350000	2660000	670400		
31		本月合计	10068718	10068718	平	000	267507	80000	34811	6350000	2660000	670400		
		过次页												

（3）财务费用明细账

总第____页 分第____页

____级科目编号及名称____

____级科目编号及名称____

财务费

2016年 月	日	凭证号数	摘要	借方	贷方	借或贷	余额	（借）方 1 工本费	2 利息支出	3	4
01	16	14	购买支票	15000		借	15000	15000			
	31	31	计提利息	120000		借	135000		120000		
	31	40	结转费用		135000	平	000	15000	120000		
	31		本月合计	135000	135000	平	000	15000	120000		
			过次页								

L1113

(4) 制造费用明细账

总第　　页　分第　　页

级科目编号及名称

级科目编号及名称　制造费用

2014年 月	日	凭证号数	摘要	借方	贷方	借或贷	余额	（借）方 1 水电费	2 人工费	3 折旧费	4
01	20	20 1/2	支付本月电费	83658		借	83658	83658			
	31	27 1/2	分配本月职工薪酬	660000		借	743658		660000		
	31	28 1/2	计提社保公积金	258000		借	1001658		258000		
	31	30	计提本期折旧	1748000		借	2749658			1748000	
	31	34	分配制造费用		2749658	平	000	83658	918000	1748000	
	31		本月合计	2749658	2749658	平	000	83658	918000	1748000	
			过次页								

L1113

（5）生产成本——女式风衣明细账

生产成本明细分类账

投产日期 计划工时 完工日期 实际工时 完成产量 数量 产品规格

科目名称 页次 总页 生产批号 生产车间 基本车间 产品名称 女式风衣

2014年 月	日	凭证号数	摘要	借方发生额	成本项目：直接材料	直接工资	制造费用			
01	01		上年结转	10134000	5450000	2670000	2014000			
	20	会20 1/2	支付本月电费	142840	142840					
	31	会27 1/2	分配本月职工薪酬	1100000		1100000				
	31	28 1/2	计提公积社保	430000		430000				
	31	会33 1/2	本月发料汇总	8042000	8042000					
	31	会34	分配制造费用	923658			923658			
	31	会35	产品完工入库	10508000	5420000	3708000	1380000			
	31		月末在产品	10264498	8214840	492000	1557658			

会计主管 复核

（6）原材料——化纤面料明细账

原材料

编号＿＿＿＿ 页次＿＿ 总页＿＿

货名 化纤面料

存储地点 原材料库　最高存量＿＿　最低存量＿＿　计量单位 米　规格＿＿　类别 主要材料

2014年 月	日	凭证 种类	凭证 号数	摘要	借方（收入）数量	借方 单价	借方 金额	贷方（发出）数量	贷方 单价	贷方 金额	余额（结存）数量	余额 单价	余额 金额
01	01			上年结转							800	150	12000000
	04	会	04	采购物资	200	180	3600000				1000		15600000
	17	会	15	采购材料	100	144	1440000				1100		17040000
	20	会	32½	生产领料				200			900		
	31			本月合计	300		5040000	200	154.91	3098200	900	154.91	13941800

财会主管　　复核　　记账

（7）库存商品——女式风衣明细账

库存商品

编号______ 页次______ 总页______

货名 女式风衣

存储地点 成品库　最高存量______　最低存量______　计量单位 件　规格______　类别______

2014年 月	日	凭证 种类	凭证 号数	摘要	借方（收入） 数量	借方（收入） 单价	借方（收入） 金额	贷方（发出） 数量	贷方（发出） 单价	贷方（发出） 金额	余额（结存） 数量	余额（结存） 单价	余额（结存） 金额
01	01			上年结转							600	1450	87000000
	08			销售产品				300			300		
	08			销售产品				30			270		
	31		35	产品完工入库	74	1420	10508000				344		
	31			本月合计	74	1420	10508000	330	1446.71	47741430	344	1446.70	49766570

会计主管　　　　复核

（8）应付职工薪酬——工资明细账

总页号　　分页号

应付职工薪酬

一级科目

子目或户名　工资

2014年 月	日	凭证 种类	凭证 号数	摘要	借方	核对	贷方	核对	借或贷	余额	核对
01	[illegible]	会	13	发放工资	12158500				借	12158500	
	31	会	32	分配本月职工薪酬			15540000		贷	3381500	
	31	会	29	计提个人所得税	3381500				平	0	
	31			本月合计	15540000		15540000		平	0	

财会主管　　复核

（10）科目汇总表 -1（1 -15 日）

科目汇总表

单位　　2014 年 01 月 01 日至 2014 年 01 月 15 日　　汇总 01 月　日

编号	科目	借方金额（亿千百十万千百十元角分）	√	贷方金额（亿千百十万千百十元角分）	√		帐页
	其他应收款	400000	√	476000	√		
	库存现金	708493	√	581800	√		
	银行存款	7021640	√	13963821	√		
	应收账款	189540000	√	7021640	√		
	原材料	6600000	√				
	应交税费	1779907	√	27540000	√		
	应付账款			7722000	√		
	管理费用	749214	√				
	销售费用	347507	√				
	主营业务收入			162000000	√		
	应付职工薪酬	12158500	√				
	合计	￥219305261		￥219305261			

凭证起止号								
1、现收凭证第	号至第	号计	张	4、银付凭证第		号至第	号计	张
2、现付凭证第	号至第	号计	张	5、转账凭证第	01	号至第 13	号计	张
3、银收凭证第	号至第	号计	张	本期记帐凭证		共计	13	张

财会主管　　记帐　　审核　　制表 付晓彤.　　第　页

945-16-02

科目汇总表－2(16－31 日)

科目汇总表

单位　　2014 年 01 月 16 日至 2014 年 01 月 31 日　　汇总 02 1/2 月　　日

编号	科目	借方金额	√	贷方金额	√		帐页
	财务费用	135000	√	135000	√		
	银行存款	40000000	√	13693040	√		
	原材料	4560000	√	23756100	√		
	应交税费	29872324	√	35848903	√		
	应付账款			3459600	√		
	应付职工薪酬	9702500	√	21861000	√		
	其他应付款	3307500	√	3307500	√		
	营业外支出	3000000	√	3000000	√		
	固定资产	392000	√				
	生产成本	31407157	√	32208000	√		
	制造费用	2749658	√	2749658	√		
	管理费用	8491032	√	9240246	√		
	销售费用	9721211	√	10068718	√		
	库存现金	450	√	35500	√		
	应收账款	24570000	√				
	主营业务收入	183000000	√	21000000	√		
	实收资本			20000000	√		
	资本公积			20000000	√		
	待处理财产损溢	450	√	450	√		
	在途物资			1600000	√		
	营业外收入	450	√	450	√		
	累计折旧			3404800	√		

凭证起止号	1、现收凭证第　号至第　号计　张	4、银付凭证第　号至第　号计　张
	2、现付凭证第　号至第　号计　张	5、转帐凭证第 14 号至第 40 号计　张
	3、银收凭证第　号至第　号计　张	本期记帐凭证　共计 27 张

财会主管　　记帐　　审核　　制表　　第　页

945-16-02

科目汇总表

单位　　　　2014 年 01 月 16 日至 2014 年 01 月 31 日　　　汇总 02 月　　日

编号	科目	借方金额（亿千百十万千百十元角分）	√	贷方金额（亿千百十万千百十元角分）	√		帐页
	应付利息			120000	√		
	资产减值损失	6212651	√	6212651	√		
	坏账准备			6212651	√		
	库存商品	32208000	√	120838190	√		
	主营业务成本	120838190	√	120838190	√		
	营业税金及附加	2927719	√	2927719	√		
	本年利润	152422524	√	183000450	√		
	合计	¥665518816		¥665518816			

凭证起止号							
1、现收凭证第	号至第	号计	张	4、银付凭证第	号至第	号计	张
2、现付凭证第	号至第	号计	张	5、转帐凭证第 14	号至第 40	号计	张
3、银收凭证第	号至第	号计	张	本期记帐凭证	共计 27		张

财会主管　　　　记帐　　　　审核　　　　制表　　　　第　　页

945-16-02

项目四　会计档案整理

4.1　凭证的粘贴

首先应去掉凭证中的金属物，凭证粘贴以左上对齐为准，区分原始凭证与记账凭证的尺寸不同，区别以下情形进行凭证的粘贴。

一、原始凭证的尺寸小于记账凭证

当原始凭证的尺寸小于记账凭证时，应先将原始凭证粘贴在粘贴纸上，粘贴纸的外形尺寸应与记账凭证相同，纸上可先印一个合适的方框，各种不能直接装订的原始凭证，如汽车票、地铁车票、市内公共汽车票、火车票、出租车票等，都应按类别整齐地粘贴于粘贴纸的方框之内，不得超出。粘贴时应横向进行，从右至左，并应粘在原始凭证的左边，逐张左移，后一张右边压位前一张的左边，每张附件只粘左边的0.6～1厘米长，粘牢即可。粘好以后要捏住记账凭证的左上角向下抖几下，看是否有未粘住或未粘牢的。最后还要在粘贴单的空白处分别写出每一类原始凭证的张数、单价与总金额。

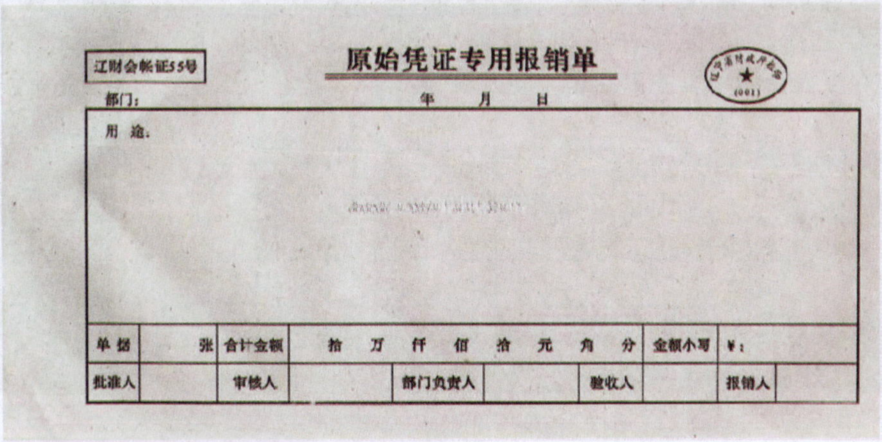

辽财会帐证55号

原始凭证专用报销单

部门：　　　　年　月　日

用途：

单据	张	合计金额	拾　万　仟　佰　拾　元　角　分			金额小写	¥：
批准人		审核人		部门负责人		验收人	报销人

二、原始凭证的尺寸略小于或等于记账凭证

对于纸张面积略小于记账凭证的原始凭证，可以用回形针或大头针别在记账凭证后面，待装订凭证时，抽去回形针或大头针，直接装订，不用胶水，也可不用粘贴纸，将原始凭证直接粘在记账凭证的后面。

三、原始凭证的尺寸大于记账凭证

对于纸张面积大于记账凭证的原始凭证，可以按照记账凭证的面积尺寸，将凭证的上边、左边与记账凭证的对齐，之后将多出部分先自左向上，再自下向前两次折叠。附件本身不必保留的部分可以裁剪，但不得因此影响原始凭证的内容完整，注意应把凭证的左下角或左侧面让出来，以便装订后，还可以展开查阅。折叠后的原始凭证尺寸不应长于或宽于记账凭证。

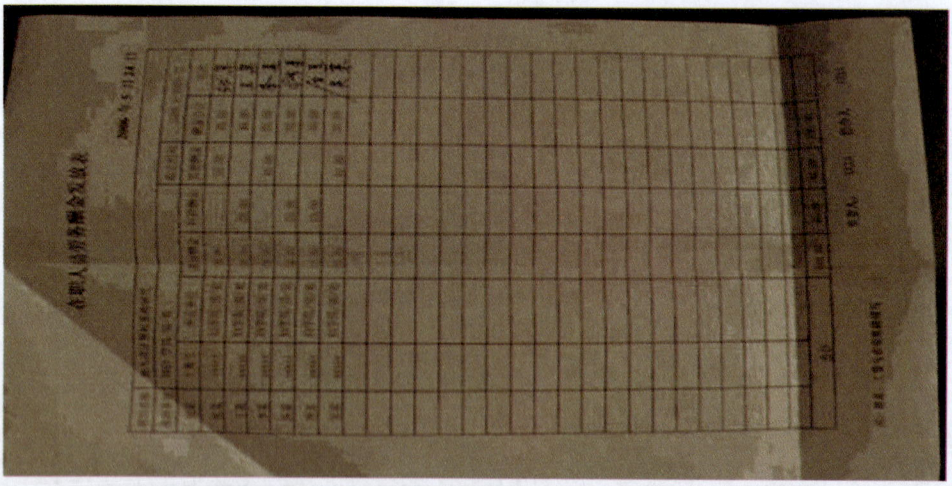

四、原始凭证的尺寸大于记账凭证且数量多

对于原始凭证不仅面积大，而且数量多，可以单独装订，如工资单，耗料单。但在记账凭证上应注明保管地点。

4.2　凭证的装订整理

一、凭证装订前的准备工作

1. 分类整理，按顺序排列。如企业的记账凭证分为收、付、转，则凭证在装订前应分别按收、付、转分类整理，分别装订，原始凭证附在记账凭证后的顺序应与记账凭证所记载的内容顺序一致，不应按原始凭证的面积大小来排序。

2. 按当月业务量确定装订成册的本数，会计凭证一般每月装订一次，当月业务较少时，可将全部业务装订到一起，若业务比较多，则应分册装订，在凭证皮上注明，装订好的凭证按年分月妥善保管。一本凭证，厚度一般以1.5～2.0厘米为宜。过薄，不利于戳立放置；过厚，不便于翻阅核查。凭证少的单位，可以将若干个月份的凭证合并订成一册，在封皮注明本册所含的凭证月份。

3. 检查是否有大头针、曲别针、订书钉等金属物，以妨碍装订。

4. 检查凭证编号是否齐全，是否存在缺漏，凭证的顺序是否有颠倒，若发现缺号应查明原因，检查后附的原始凭证是否齐全，是否存在粘贴松散现象。

5. 所有汇总装订好会计凭证都要加具封面。会计凭证装订前，要先设计和选择会计凭证的封面。封面应用较为结实、耐磨、韧性较强的牛皮纸等。

二、会计凭证装订的方法:角订法

1. 准备装订工具

凭证装订封面、包角纸、装订线、装订机、剪刀、夹子、胶水、锥子或大头针。

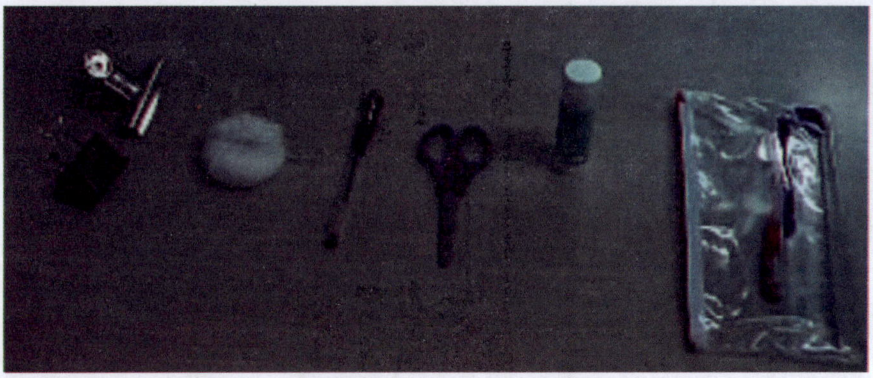

2. 装订流程

(1)固定:将凭证装订封面沿侧折线裁开，分别作为凭证册的封面和封底，将包角纸左上角反向对齐粘贴在封面的左上角，凭证对齐后使用反尾夹固定。

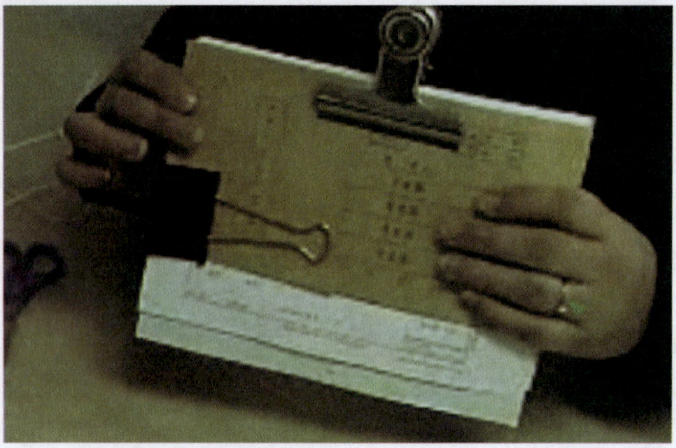

(2)节点：用直尺在封底的右上角齐边画边长为3厘米的等腰三角形，然后在三角形底边两端各1.5厘米处节点，确定为两个打孔位置。

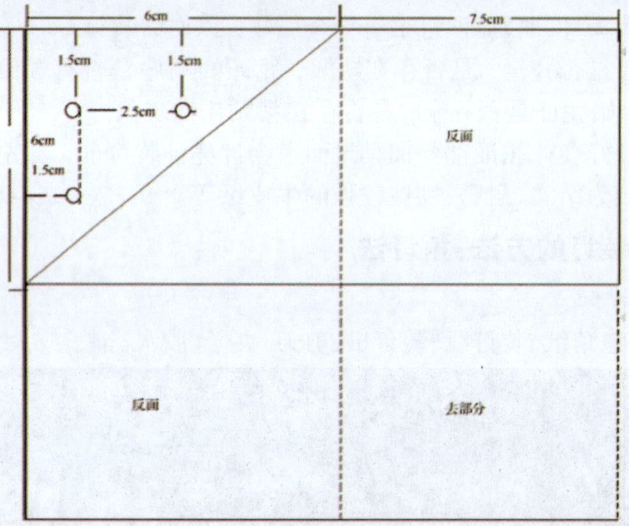

(3)打孔：在节点处进行打孔，使用装订机打孔应按自左向右的顺序进行。

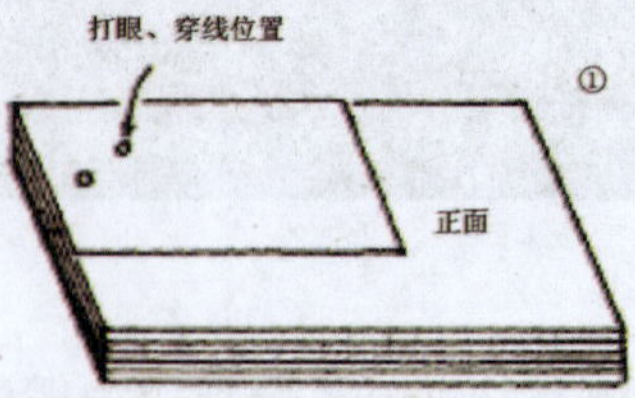

(4)穿线：用锥子或曲别针由将装订线双穿至孔中，侧面单线翻转穿回抽紧扎线，打死结留线头约1厘米，线结处使用锤子砸平。

(5)包角：将包角纸沿装订的左上角折叠，沿凭证上侧和左侧背折，根据凭证厚度不同，折叠出清晰的井字折痕，用剪刀沿包角纸井字最左侧折痕剪至最上侧折痕交汇点。

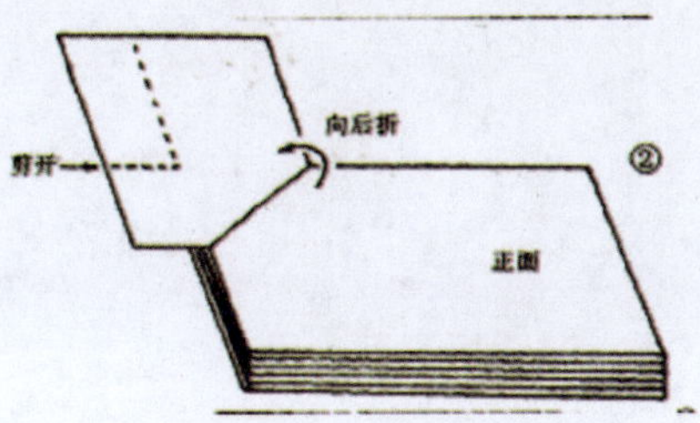

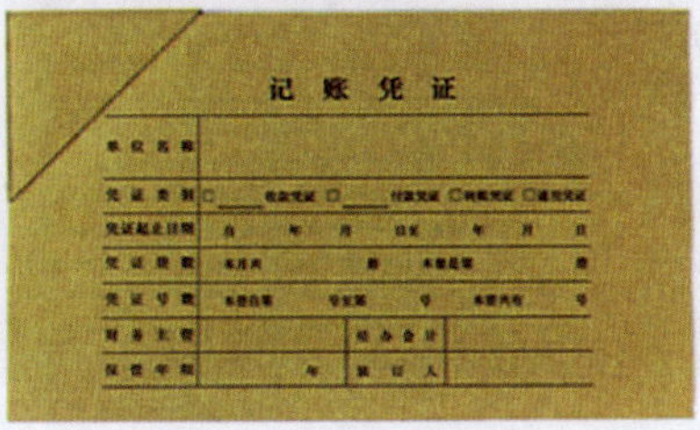

三、会计凭证装订后的注意事项

1. 每本封面上填写好凭证种类、起止号码、凭证张数、会计主管人员和装订人员签章。

2. 在封面上编好卷号，按编号顺序入柜，并要在显露处标明凭证种类编号，以便于调阅。

项目五 会计基础工作规范

第一章 总 则

第一条 为了加强会计基础工作，建立规范的会计工作秩序，提高会计工作水平，根据《中华人民共和国会计法》的有关规定，制定本规范。

第二条 国家机关、社会团体、企业、事业单位、个体工商户和其他组织的会计基础工作，应当符合本规范的规定。

第三条 各单位应当依据有关法律、法规和本规范的规定，加强会计基础工作，严格执行会计法规制度，保证会计工作依法有序地进行。

第四条 单位领导人对本单位的会计基础工作负有领导责任。

第五条 各省，自治区、直辖市财政厅(局)要加强对会计基础工作的管理和指导，通 过政策引导、经验交流、监督检查等措施，促进基层单位加强会计基础工作，不断提高会计 工作水平。国务院各业务主管部门根据职责权限管理本部门的会计基础工作。

第二章 会计机构和会计人员

第一节 会计机构设置和会计人员配备

第六条 各单位应当根据会计业务的需要设置会计机构；不具备单独设置会计机构条件的，应当在有关机构中配人员。事业行政单位会计机构的设置和会计人员的配备，应当符合国家统一事业行政单位会计 制度的规定。设置会计机构，应当配备会计机构负责人；在有关机构中配备专职会计人员，应当在专 职会计人员中指定会计主管人员。会计机构负责人、会计主管人员的任免，应当符合《中华人民共和国会计法》和有关法 律的规定。

第七条 会计机构负责人、会计主管人员应当具备下列基本条件：(一)坚持原则，廉洁奉公；(二)具有会计专业技术资格；(三)主管一个单位或者单位内一个重要方面的财务会计工作时间不少于2年；(四)熟悉国家财经法律、法规、规章和方针、政策，掌握本行业业务管理的有关知识；(五)有较强的组织能力；(六)身体状况能够适应本职工作的要求。

第八条 没有设置会计机构和配备会计人员的单位，应当根据《代理记账管理暂行办法》委托会计师事务所或者持有代理记账许可证书的其他代理记账机构进行代理记账。

第九条 大、中型企业、事业单位、业务主管部门应当根据法律和国家有关规定设置总 会计师。总会计师由具有会计师以上专业技术资格的人员担任。总会计师行使《总会计师条例》

规定的职责、权限。总会计师的任命(聘任)、免职(解聘)依照《总会计师条例》和有关法律的规定办理。

第十条　各单位应当根据会计业务需要配备持有会计证的会计人员。未取得会计证的人员，不得从事会计工作。

第十一条　各单位应当根据会计业务需要设置会计工作岗位。会计工作岗位上般可分为:会计机构负责人或者会计主管人员，出纳，财产物资核算，工资核算，成本费用核算;财务成果核算，资金核算，往来结算，总账报表，稽核，档案管 理等。开展会计电算化和管理会计的单位，可以根据需要设置相应工作岗位，也可以与其他 工作岗位相结合。

第十二条　会计工作岗位，可以一人一岗、一人多岗或者一岗多人。但出纳人员不得兼管审核、会计档案保管和收入、费用、债权债务账目的登记工作。

第十三条　会计人员的工作岗位应当有计划地进行轮换。

第十四条　会计人员应当具备必要的专业知识和专业技能，熟悉国家有关法律、法规，规章和国家统一会计制度，遵守职业道德。会计人员应当按照国家有关规定参加会计业务的培训。各单位应当合理安排会计人员的 培训，保证会计人员每年有一定时间用于学习和参加培训。

第十五条　各单位领导人应当支持会计机构、会计人员依法行使职权;对忠于职守，坚持原则，做出显著成绩的会计机构、会计人员，应当给予精神的和物质的奖励。

第十六条　国家机关、国有企业、事业单位任用会计人员应当实行回避制度。单位领导人的直系亲属不得担任本单位的会计机构负责人、会计主管人员。会计机构负 责人，会计主管人员的直系亲属不得在本单位会计机构中担任出纳工作。需要回避的直系亲属为:夫妻关系、直系血亲关系、三代以内旁系血亲以及配偶亲关系。

第二节　会计人员职业道德

第十七条　会计人员在会计工作中应当遵守职业道德，树立良好的职业品质、严谨的工作作风，严守工作纪律，努力提高工作效率和工作质量。

第十八条　会计人员应当热爱本职工作，努力钻研业务，使自己的知识和技能适应所从事工作的要求。

第十九条　会计人员应当熟悉财经法律、法规、规章和国家统一会计制度，并结合会计工作进行广泛宣传。

第二十条　会计人员应当按照会计法律、法规和国家统一会计制度规定的程序和要求进行会计工作，保证所提供的会计信息合法、真实、准确、及时、完整。

第二十一条　会计人员办理会计事务应当实事求是、客观公正。

第二十二条　会计人员应当熟悉本单位的生产经营和业务管理情况，运用掌握的会计信息和会计方法，为改善单位内部管理、提高经济效益服务。

第二十三条　会计人员应当保守本单位的商业秘密。除法律规定和单位领导人同意外，不能私自向外界提供或者泄露单位的会计信息。

第二十四条　财政部门、业务主管部门和各单位应当定期检查会计人员遵守职业道德的 情况，并作为会计人员晋升、晋级、聘任专业职务、表彰奖励的重要考核依据。会计人员违反职业道德的，由所在单位进行处罚;情节严重的，由会计证发证机关吊销 其会计证。

第三节　会计工作交接

第二十五条　会计人员工作调动或者因故离职，必须将本人所经管的会计工作全部移交给接替人员。没有办清交接手续的，不得调动或者离职。

第二十六条　接替人员应当认真接管移交工作，并继续办理移交的未了事项。

第二十七条　会计人员办理移交手续前，必须及时做好以下工作：(一)已经受理的经济业务尚未填制会计凭证的，应当填制完毕。(二)尚未登记的账目，应当登记完毕，并在最后一笔余额后加盖经办人员印章。(三)整理应该移交的各项资料，对未了事项写出书面材料。(四)编制移交清册，列明应当移交的会计凭证、会计账簿、会计报表、印章、现金、有价证券、支票簿、发票、文件、其他会计资料和物品等内容；实行会计电算化的单位，从 事该项工作的移交人员还应当在移交清册中列明会计软件及密码、会计软件数据磁盘(磁带 等)及有关资料、实物等内容。

第二十八条　会计人员办理交接手续，必须有监交人负责监交。一般会计人员交接，由单位会计机构负责人、会计主管人员负责监交；会计机构负责人、会计主管人员交接，由单 位领导人负责监交，必要时可由上级主管部门派人会同监交。

第二十九条　移交人员在办理移交时，要按移交清册逐项移交；接替人员要逐项核对点收。(一)现金、有价证券要根据会计账簿有关记录进行点交。库存现金、有价证券必须与 会计账簿记录保持一致。不一致时，移交人员必须限期查清。(二)会计凭证、会计账簿、会计报表和其他会计资料必须完整无缺。如有短缺，必须查清原因，并在移交清册中注明，由移交人员负责。(三)银行存款账户余额要与银行对账单核对，如不一致，应当编制银行存款余额调节 表调节相符，各种财产物资和债权债务的明细账户余额要与总账有关账户余额核对相符；必要时，要抽查个别账户的余额，与实物核对相符，或者与往来单位、个人核对清楚。(四)移交人员经管的票据、印章和其他实物等，必须交接清楚；移交人员从事会计电 算化工作的，要对有关电子数据在实际操作状态下进行交接。

第三十条　会计机构负责人、会计主管人员移交时，还必须将全部财务会计工作、重大财务收支和会计人员的情况等，向接替人员详细介绍。对需要移交的遗留问题，应当写出书面材料。

第三十一条　交接完毕后，交接双方和监交人员要在移交注册上签名或者盖章，并应在移交注册上注明：单位名称，交接日期，交接双方和监交人员的职务、姓名，移交清册页数 以及需要说明的问题和意见等。移交清册一般应当填制一式三份，交接双方各执一份，存档一份。

第三十二条　接替人员应当继续使用移交的会计账簿，不得自行另立新账，以保持会计记录的连续性。

第三十三条　会计人员临时离职或者因病不能工作且需要接替或者代理的，会计机构负责人、会计主管人员或者单位领导人必须指定有关人员接替或者代理，并办理交接手续。临时离职或者因病不能工作的会计人员恢复工作的，应当与接替或者代理人员办理交接 手续。移交人员因病或者其他特殊原因不能亲自办理移交的，经单位领导人批准，可由移交人 员委托他人代办移交，但委托人应当承担本规范第三十五条规定的责任。

第三十四条　单位撤销时，必须留有必要的会计人员，会同有关人员办理清理工作，编制决算。未移交前，不得离职。接收单位和移交日期由主管部门确定。单位合并、分立的，其会计工作交接手续比照上述有关规定办理。

第三十五条　移交人员对所移交的会计凭证、会计账簿、会计报表和其他有关资料的合法性、真实性承担法律责任。

第三章　会计核算

第一节　会计核算一般要求

第三十六条　各单位应当按照《中华人民共和国会计法》和国家统一会计制度的规定建立会计账册，进行会计核算，及时提供合法、真实、准确、完整的会计信息。

第三十七条　各单位发生的下列事项，应当及时办理会计手续、进行会计核算：(一)款项和有价证券的收付；(二)财物的收发、增减和使用；(三)债权债务的发生和结算；(四)资本、基金的增减；(五)收入、支出、费用、成本的计算；(六)财务成果的计算和处理；(七)其他需要办理会计手续、进行会计核算的事项。

第三十八条　各单位的会计核算应当以实际发生的经济业务为依据，按照规定的会计处理方法进行，保证会计指标的口径一致、相互可比和会计处理方法的前后各期相一致。

第三十九条　会计年度自公历1月1日起至12月31日止。

第四十条 会计核算以人民币为记账本位币。收支业务以外国货币为主的单位，也可以选定某种外国货币作为记账本位市，但是编制 的会计报表应当折算为人民币反映。境外单位向国内有关部门编报的会计报表，应当折算为人民币反映。

第四十一条　各单位根据国家统一会计制度的要求，在不影响会计核算要求、会计报表指标汇总和对外统一会计报表的前提下，可以根据实际情况自行设置和使用会计科目。事业行政单位会计科目的设置和使用，应当符合国家统一事业行政单位会计制度的规定。

第四十二条　会计凭证、会计账簿、会计报表和其他会计资料的内容和要求必须符合国家统一会计制度的规定，不得伪造、变造会计凭证和会计账簿，不得设置账外账，不得报送虚假会计报表。

第四十三条　各单位对外报送的会计报表格式由财政部统一规定。

第四十四条　实行会计电算化的单位，对使用的会计软件及其生成的会计凭证、会计账簿。会计报表和其他会计资料的要求，应当符合财政部关于会计电算化的有关规定。

第四十五条　各单位的会计凭证、会计账簿、会计报表和其他会计资料，应当建立档案，妥善保管。会计档案建档要求、保管期限、销毁办法等依据《会计档案管理办法》的规定 进行。实行会计电算化的单位，有关电子数据、会计软件资料等应当作为会计档案进行管理。

第四十六条　会计记录的文字应当使用中文，少数民族自治地区可以同时使用少数民族 文字。中国境内的外商投资企业、外国企业和其他外国经济组织也可以同时使用某种外国文字。

第二节　填制会计凭证

第四十七条　各单位办理本规范第三十七条规定的事项，必须取得或者填制原始凭证，并及时送交会计机构。

第四十八条　原始凭证的基本要求是：(一)原始凭证的内容必须具备：凭证的名称；填制凭证的日期；填制凭证单位名称 或者填制人姓名；经办人员的签名或者盖章；接受凭证单位名

称;经济业务内容;数量、单 价和金额。(二)从外单位取得的原始凭证,必须盖有填制单位的公章;从个人取得的原始凭证,必须有填制人员的签名或者盖章。自制原始凭证必须有经办单位领导人或者其指定的人员签 名或者盖章。对外开出的原始凭证,必须加盖本单位公章。(三)凡填有大写和小写金额的原始凭证,大写与小写金额必须相符。购买实物的原始 凭证,必须有验收证明。支付款项的原始凭证。必须有收款单位和收款人的收款证明。(四)一式几联的原始凭证,应当注明各联的用途,只能以一联作为报销凭证。一式几联的发票和收据,必须用双面复写纸(发票和收据本身具备复写纸功能的除外)套写,并连续编号。作废时应当加盖"作废"戳记,连同存根一起保存,不得撕毁。(五)发生销货退回的,除填制退货发票外,还必须有退货验收证明;退款时,必须取 得对方的收款收据或者汇款银行的凭证,不得以退货发票代替收据。(六)职工公出借款凭据,必须附在记账凭证之后。收回借款时,应当另开收据或者退 还借据副本,不得退还原借款收据。(七)经上级有关部门批准的经济业务,应当将批准文件作为原始凭怔附件:如果批准 文件需要单独归档的,应当在凭证上注明批准机关名称、日期和文件字号。

第四十九条　原始凭证不得涂改、挖补。发现原始凭证有错误的,应当由开出单位重开或者更正,更正处应当加盖开出单位的公章。

第五十条　会计机构、会计人员要根据审核无误的原始凭证填制记账凭证。记账凭证可以分为收款凭证、付款凭证和转账凭证,也可以使用通用记账凭证。

第五十一条　记账凭证的基本要求是:

(一)记账凭证的内容必须具备:填制凭证的日期;凭证编号;经济业务摘要;会计 科目;金额;所附原始凭证张数;填制凭证人员、稽核人员、记账人员、会计机构负责人、会计主管人员签名或者盖章。收款和付款记账凭证还应当由出纳人员签名或者盖章。以自制的原始凭证或者原始凭证汇总表代替记账凭证的,也必须具备记账凭证应有的项目。(二)填制记账凭证时,应当对记账凭证进行连续编号。一笔经济业务需要填制两张以 上记账凭证的,可以采用分数编号法编号。(三)记账凭证可以根据每一张原始凭证填制,或者根据若干张同类原始凭证汇总填制,也可以根据原始凭证汇总表填制。但不得将不同内容和类别的原始凭证汇总填制在一张记 账凭证上。(四)除结账和更正错误的记账凭证可以不附原始凭证外,其他记账凭证必须附有原始 凭证。如果一张原始凭证涉及几张记账凭证,可以把原始凭证附在一张主要的记账凭证后面 ,并在其他记账凭证上注明附有该原始凭证的记账凭证的编号或者附原始凭证复印机。一张复始凭证所列支出需要几个单位共同负担的,应当将其他单位负担的部分,开给对 方原始凭证分割单,进行结算。原始凭证分割单必须具备原始凭证的基本内容:凭证名称、填制凭证日期、填制凭证单位名称或者填制人姓名、经办人的签名或者盖章、接受凭证单位 名称、经济业务内容、数量、单价、金额和费用分摊情况等。(五)如果在填制记账凭证时发生错误,应当重新填制。已经登记入账的记账凭证,在当年内发现填写错误时,可以用红字填写一张与原内容相 同的记账凭证,在摘要栏注明"注销某月某日某号凭证"字样,同时再用蓝字重新填制一张 正确的记账凭证,注明"订正某月某日某号凭证"字样。如果会计科目没有错误,只是金额 错误,也可以将正确数字与错误数字之间的差额,另编一张调整的记账凭证,调增金额用蓝 字,调减金额用红字。发现以前年度记账凭证有错误的,应当用蓝字填制一张更正的记账凭 证。(六)记账凭证填制完经济业务事项后,如有空行,应当自金额栏最后一笔金额数字下 的空行处至合计数上的空行处划线注销。

第五十二条　填制会计凭证，字迹必须清晰、工整，并符合下列要求：（一）阿拉伯数字应当一个一个地写，不得连笔写。阿拉伯金额数字前面应当书写货币 市种符号或者货币名称简写和市种符号。币种符号与阿拉伯金额数字之间不得留有空白。凡 阿拉伯数字前写有市种符号的，数字后面不再写货币单位。（二）所有以元为单位（其他货币种类为货币基本单位，下同）的阿拉伯数字，除表示 单价等情况外，一律填写到角分；元角分的，角位和分位可写“00”，或者符号“－”；有角无分的，分位应当写“0”，不得用符号“－”代替。（三）汉字大写数字金额如零、壹、贰、叁、肆、伍、陆、柒、捌、玖、拾、佰、仟、万、亿等，一律用正楷或者行书体书写，不得用0、一、二、三、四、五、六、七、八、九 、十等简化字代替，不得任意自造简化字。大写金额数字到元或者角为止的，在“元”或者 “角”字之后应当写“整”字或者“正”字；大写金额数字有分的，分字后面不写“整”或 者“正”字。（四）大写金额数字前未印有货币名称的，应当加填货币名称，货币名称与金额数字之 间不得留有空白。（五）阿拉伯金额数字中间有“0”时，汉字大写金额要写“零”字；阿拉伯数字金额 中间连续有几个“0”时，汉字大写金额中可以只写一个“零”字；阿拉伯金额数字元位是 “0”，或者数字中间连续有几个“0”、元位也是“0”但角位不是“0”时，汉字大写金额 可以只写一个“零”字，也可以不写“零”字。

第五十三条　实行会计电算化的单位，对于机制记账凭证，要认真审核，做到会计科目使用正确，数字准确无误。打印出的机制记账凭证要加盖制单人员、审核人员、记账人员及会计机构负责人、会计主管人员印章或者签字。

第五十四条　各单位会计凭证的传递程序应当科学、合理，具体办法由各单位根据会计业务需要自行规定。

第五十五条　会计机构、会计人员要妥善保管会计凭证。

（一）会计凭证应当及时传递，不得积压。（二）会计凭证登记完毕后，应当按照分类和编号顺序保管，不得散乱丢失。（三）记账凭证应当连同所附的原始凭证或者原始凭证汇总表，按照编号顺序，折叠整 齐，按期装订成册，并加具封面，注明单位名称、年度、月份和起讫日期、凭证种类、起讫 号码，由装订人在装订线封签外签名或者盖章。对于数量过多的原始凭证，可以单独装订保管，在封面上注明记账凭证日期、编号、种 类，同时在记账凭证上注明“附件另订”和原始凭证名称及编号。各种经济合同、存出保证金收据以及涉外文件等重要原始凭证，应当另编目录，单独登 记保管，并在有关的记账凭证和原始凭证上相互注明日期和编号。（四）原始凭证不得外借，其他单位如因特殊原因需要使用原始凭证时，经本单位会计机构负责人、会计主管人员批准，可以复制。向外单位提供的原始凭证复制件，应当在专设的登记簿上登记，并由提供人员和收取人员共同签名或者盖章。（五）从外单位取得的原始凭证如有遗失，应当取得原开出单位盖有公章的证明，并注 明原来凭证的号码、金额和内容等，由经办单位会计机构负责人、会计主管人员和单位领导 人批准后，才能代作原始凭证。如果确实无法取得证明的，如火车、轮船、飞机票等凭证，由当事人写出详细情况，由经办单位会计机构负责人、会计主管人员和单位领导人批准后，代作原始凭证。

第三节　登记会计账簿

第五十六条　各单位应当按照国家统一会计制度的规定和会计业务的需要设置会计账簿 、会计账簿包括总账、明细账、日记账和其他辅助性账簿。

第五十七条　现金日记账和银行存款日记账必须采用订本式账簿。不得用银行对账单或者其他方法代替日记账。

第五十八条　实行会计电算化的单位，用计算机打印的会计账簿必须连续编号，经审核无误后装订成册，并由记账人员和会计机构负责人、会计主管人员签字或者盖章。

第五十九条　启用会计账簿时，应当在账簿封面上写明单位名称和账簿名称。在账簿扉页上应当附启用表，内容包括：启用日期、账簿页数、记账人员和会计机构负责人、会计主管人员姓名，并加盖名章和单位公章。记账人员或者会计机构负责人、会计主管人员调动工作时，应当注明交接日期、接办人员或者监交人员姓名，并由交接双方人员签名或者盖章。启用订本式账簿，应当从第一页到最后一页顺序编定页数，不得跳页、缺号。使用活页式账页，应当按账户顺序编号，并须定期装订成册。装订后再接实际使用的账页顺序编定页码。另加目录，记明每个账户的名称和页次。

第六十条　会计人员应当根据审核无误的会计凭证登记会计账簿。登记账簿的基本要求是：（一）登记会计账簿时，应当将会计凭证日期、编号、业务内容摘要、金额和其他有关 资料逐项记入账内；做到数字准确、摘要清楚、登记及时、字迹工整。（二）登记完毕后，要在记账凭证上签名或者盖章，并注明已经登账的符号，表示已经记账。（三）账簿中书写的文字和数字上面要留有适当空格，不要写满格；一般应占格距的二分之一。（四）登记账簿要用蓝黑墨水或者碳素墨水书写，不得使用圆珠笔（银行的复写账簿除外）或者铅笔书写。（五）下列情况，可以用红色墨水记账：1. 按照红字冲账的记账凭证，冲销错误记录；2. 在不设借贷等栏的多栏式账页中，登记减少数；3. 在三栏式账户的余额栏前，如未印明余额方面的，在余额栏内登记负数余额；4. 根据国家统一会计制度的规定可以用红字登记的其他会计记录。（六）各种账簿按页次顺序连续登记，不得跳行、隔页。如果发生跳行、隔页，应当将空行、空页划线注销，或者注明“此行空白”、“此页空白”字样，并由记账人员签名或者盖章。（七）凡需要结出余额的账户，结出余额后。应当在“借或贷”等栏内写明“借”或者 “贷，等字样。没有余额的账户，应当在“借或贷”等栏内写“平”字，并在余额栏内用 “Q”表示。现金日记账和银行存款日记账必须逐日结出余额。（八）每一账页登记完毕结转下页时，应当结出本页合计数及余额，写在本页最后一行 和下页第一行有关栏内，并在摘要栏内注明“过次页”和“承前页”字样；也可以将本页合计数及金额只写在下页第一行有关栏内，并在摘要栏内注明“承前页”字样。对需要结计本月发生额的账户，结计“过次页”的本页合计数应当为自本月初起至本页 未止的发生额合计数；对需要结计本年累计发生额的账户，结计“过次页”的本页合计数应当为自年初起至本页未止的累计数；对既不需要结计本月发生额也不需要结计本年累计发生 额的账户，可以只将每页未的余额结转次页。

第六十一条　实行会计电算化的单位，总账和明细账应当定期打印。发生收款和付款业务的，在输入收款凭证和付款凭证的当天必须打印出现金日记账和银行存款日记账，并与库存现金核对无误。

第六十二条　账簿记录发生错误，不准涂改、挖补、刮擦或者用药水消除字迹，不准重新抄写，必须按照下列方法进行更正：（一）登记账簿时发生错误，应当将错误的文字或者数字划红线注销，但必须使原有字迹仍可辨认；然后在划线上方填写正确的文字或者数字，并由记账人员在更正处盖章。对于 错误的数字，应当全部划红线更正，不得只更正其中的错误数字。对于文字错误，可只划去 错误的部分。（二）由于记账凭证错误而使账簿记录发生错误，应当按更正的记账凭证登记账簿。

第六十三条　各单位应当定期对会计账簿记录的有关数字与库存实物、货币资金、有价证券、往来单位或者个人等进行相互核对，保证账证相符、账账相符、账实相符。对账工作 每年至少进行一次。(一)账证核对。核对会计账簿记录与原始凭证、记账凭证的时间、凭证字号、内容、金额是否一致，记账方向是否相符。(二)账账核对。核对不同会计账簿之间的账簿记录是否相符，包括:总账有关账户的余额核对，总账与明细账核对，总账与日记账核对，会计部门的财产物资明细账与财产物资保管和使用部门的有关明细账核对等。(三)账实核对。核对会计账簿记录与财产等实有数额是否相符。包括:现金日记账账面余额与现金实际库存数相核对;银行存款日记账账面余额定期与银行对账单相核对;各种 财物明细账账面余额与财物实存数额相核对;各种应收、应付款明细账账面余额与有关债务 、债权单位或者个人核对等。

第六十四条 各单位应当按照规定定期结账。(一)结账前，必须将本期内所发生的各项经济业务全部登记入账。(二)结账时，应当结出每个账户的期末余额。需要结出当月发生额的，应当在摘要栏 内注明“本月合计”字样，并在下面通栏划单红线。需要结出本年累计发生额的，应当在摘要栏内注明“本年累计”字样，并在下面通栏划单红线;12 月末的“本年累计”就是全年累计发生额。全年累计发生额下面应当通栏划双红线。年度终了结账时，所有总账账户都应当结出全年发生额和年末余额。(三)年度终了，要把各账户的余额结转到下一会计年度，并在摘要栏注明“结转下年 ”字样;在下一会计年度新建有关会计账簿的第一行余额栏内填写上年结转的余额，并在摘 要栏注明“上年结转”字样。

第三节　编制财务报告

第六十五条　各单位必须按照国家统一会计制度的规定，定期编制财务报告。财务报告包括会计报表及其说明。会计报表包括会计报表主表、会计报表附表、会计报表附注。

第六十六条　各单位对外报送的财务报告应当根据国家统一会计制度规定的格式和要求编制。单位内部使用的财务报告，其格式和要求由各单位自行规定。

第六十七条　会计报表应当根据登记完整、核对无误的会计账簿记录和其他有关资料编制，做到数字真实、计算准确、内容完整、说明清楚。任何人不得篡改或者授意、指使、强令他人篡改会计报表的有关数字。

第六十八条　会计报表之间、会计报表各项目之间，凡有对应关系的数字，应当相互一致。本期会计报表与上期会计报表之间有关的数字应当相互衔接。如果不同会计年度会计报表中各项目的内容和核算方法有变更的，应当在年度会计报表中加以说明。

第六十九条　各单位应当按照国家统一会计制度的规定认真编写会计报表附注及其说明 ，做到项目齐全，内容完整。

第七十条　各单位应当按照国家规定的期限对外报送财务报告。对外报送的财务报告，应当依次编定页码，加具封面，装订成册，加盖公章。封面上应 当注明:单位名称，单位地址，财务报告所属年度、季度、月度，送出日期，并由单位领导 人、总会计师、会计机构负责人、会计主管人员签名或者盖章。单位领导人对财务报告的合法性、真实性负法律责任。

第七十一条　根据法律和国家有关规定应当对财务报告进行审计的，则务报告编制单位应当先行委托注册会计师进行审计，并将注册会计师出具的审计报告随同财务报告按照规定的期限报送有关部门。

第七十二条　如果发现对外报送的财务报告有错误，应当及时办理更正手续。除更正本 单位留存的财务报告外，并应同时通知接受财务报告的单位更正。错误较多的，应当重新编报。

第四章　会计监督

第七十三条　各单位的会计机构、会计人员对本单位的经济活动进行会计监督。

第七十四条　会计机构、会计人员进行会计监督的依据是:(一)财经法律、法规、规章

(二)会计法律、法规和国家统一会计制度;(三)各省、自治区、直辖市财政厅(局)和国务院业务主管部门根据《中华人民共和 国会计法》和国家统一会计制度制定的具体实施办法或者补充规定;(四)各单位根据《中华人民共和国会计法》和国家统一会计制度制定的单位内部会计 管理制度;(五)各单位内部的预算、财务计划、经济计划、业务计划第七十五条 会计机构、会计人员应当对原始凭证进行审核和监督。对不真实、不合法的原始凭证，不予受理。对弄虚作假、严重违法的原始凭证，在不予 受理的同时，应当予以扣留，并及时向单位领导人报告，请求查明原因，追究当事人的责任。对记载不明确、不完整的原始凭证，予以退回，要求经办人员更正、补充。

第七十六条　会计机构、会计人员对伪造、变造、故意毁灭会计账簿或者账外设账行为，应当制止和纠正;制止和纠正无效的，应当向上级主管单位报告，请求作出处理。

第七十七条　会计机构、会计人员应当对实物、款项进行监督，督促建立并严格执行财产清查制度。发现账簿记录与实物、款项不符时，应当按照国家有关规定进行处理。超出会计机构、会计人员职权范围的，应当立即向本单位领导报告，请求查明原因，作出处理。

第七十八条　会计机构、会计人员对指使、强令编造、篡改财务报告行为，应当制止和纠正;制止和纠正无效的，应当向上级主管单位报告，请求处理。

第七十九条　会计机构、会计人员应当对财务收支进行监督。(一)对审批手续不全的财务收支，应当退回，要求补充、更正。(二)对违反规定不纳入单位统一会计核算的财务收支，应当制止和纠正。(三)对违反国家统一的财政、财务、会计制度规定的财务收支，不予办理。(四)对认为是违反国家统一的财政、财务、会计制度规定的财务收支。应当制止和纠正;制止和纠正无效的，应当向单位领导人提出书面意见请求处理。单位领导人应当在接到书面意见起十日内作出书面决定，并对决定承担责任。(五)对违反国家统一的财政、财务、会计制度规定的财务收支，不予制止和纠正，又 不向单位领导人提出书面意见的;也应当承担责任。(六)对严重违反国家利益和社会公众利益的财务收支，应当向主管单位或者财政、审 计、税务机关报告。

第八十条　会计机构、会计人员对违反单位内部会计管理制度的经济活动，应当制止和纠正;制止和纠正无效的，向单位领导人报告，请求处理。

第八十一条　会计机构、会计人员应当对单位制定的预算、财务计划、经济计划、业务计划的执行情况进行监督。

第八十二条　各单位必须依照法律和国家有关规定接受财政、审计、税务等机关的监督，如实提供会计凭证、会计账簿、会计报表和其他会计资料以及有关情况、不得拒绝、隐匿 、谎报。

第八十三条　按照法律规定应当委托注册会计师进行审计的单位，应当委托注册会计师进行审计，并配合注册会计师的工作，如实提供会计凭证、会计账簿、会计报表和其他会计 资料以及有关情况，不得拒绝、隐匿、谎报;不得示意注册会计师出具不当的审计报告。

第五章 内部会计管理制度

第八十四条 各单位应当根据《中华人民共和国会计法》和国家统一会计制度的规定，结合单位类型和内容管理的需要，建立健全相应的内部会计管理制度。

第八十五条 各单位制定内部会计管理制度应当遵循下列原则：(一)应当执行法律、法规和国家统一的财务会计制度。(二)应当体现本单位的生产经营、业务管理的特点和要求。(三)应当全面规范本单位的各项会计工作，建立健全会计基础，保证会计工作的有序进行。(四)应当科学、合理，便于操作和执行。(五)应当定期检查执行情况。(六)应当根据管理需要和执行中的问题不断完善。

第八十六条 各单位应当建立内部会计管理体系。主要内容包括：单位领导人、总会计师对会计工作的领导职责；会计部门及其会计机构负责人、会计主管人员的职责、权限；会 计部门与其他职能部门的关系；会计核算的组织形式等。

第八十七条 各单位应当建立会计人员岗位责任制度。主要内容包括：会计人员的工作岗位设置；备会计工作岗位的职责和标准；各会计工作岗位的人员和具体分工；会计工作岗位轮换办法；对各会计工作岗位的考核办法。

第八十八条 各单位应当建立账务处理程序制度。主要内容包括：会计科目及其明细科目的设置和使用；会计凭证的格式、审核要求和传递程序；会计核算方法；会计账簿的设置 ；编制会计报表的种类和要求；单位会计指标体系。

第八十九条 各单位应当建立内部牵制制度。主要内容包括：内部牵制制度的原则；组织分工；出纳岗位的职责和限制条件；有关岗位的职责和权限。

第九十条 各单位应当建立稽核制度。主要内容包括：稽核工作的组织形式和具体分工 ；稽核工作的职责、权限；审核会计凭证和复核会计账簿、会计报表的方法。

第九十一条 各单位应当建立原始记录管理制度。主要内容包括：原始记录的内容和填制方法；原始记录的格式；原始记录的审核；原始记录填制人的责任；原始记录签署；传递 、汇集要求。

第九十二条 各单位应当建立定额管理制度。主要内容包括：定额管理的范围；制定和修订定额的依据、程序和方法；定额的执行；定额考核和奖惩办法等。

第九十三条 各单位应当建立计量验收制度。主要内容包括：计量检测手段和方法；计量验收管理的要求；计量验收人员的责任和奖惩办法。

第九十四条 各单位应当建立财产清查制度。主要内容包括：财产清查的范围；财产清查的组织；时产清查的期限和方法；对财产清查中发现问题的处理办法；对财产管理人员的奖惩办法。

第九十五条 各单位应当建立财务收支审批制度。主要内容包括：财务收支审批人员和审批权限；财务收支审批程序；财务收支审批人员的责任。

第九十六条 实行成本核算的单位应当建立成本核算制度。主要内容包括：成本核算的对象；成本核算的方法和程序；成本、分析等。

第九十七条 各单位应当建立财务会计分析制度。主要内容包括：财务会计分析的主要内容；财务会计分析的基本要求和组织程序；财务会计分析的具体方法；财务会计分析报告 的编写要求等。

第六章　附　则

第九十八条　本规范所称国家统一会计制度，是指由财政部制定、或者财政部与国务院有关部门联合制定、或者经财政部审核批准的在全国范围内统一执行的会计规章、准则、办法等规范性文件。本规范所称会计主管人员，是指不设置会计机构、只在其他机构中设置专职会计人员的单位行使会计机构负责人职权的人员。本规范第三章第二节和第三节关于填制会计凭证、登记会计账簿的规定，除特别指出外，一般适用于手工记账。实行会计电算化的单位，填制会计凭证和登记会计账簿的有关要求，应当符合财政部关于会计电算化的有关规定。

第九十九条　各省、自治区、直辖市财政厅(局)、国务院各业务主管部门可以根据本规范的原则，结合本地区、本部门的具体情况，制定具体实施办法，报财政部备案。

第一百条　本规范由财政部负责解释、修改。

第一百零一条　本规范自公布之日起实施。1984 年 4 月 24 日财政部发布的《会计人员工作规则》同时废止。